Offene Gärten in der Uckermark

Bernhardt Rengert · Ines Markgraf

Offene Gärten in der Uckermark

Bernhardt Rengert
Ines Markgraf

steffen verlag

Inhalt

Paradiese der Uckermark

»Das Leben beginnt mit dem Tag, an dem man einen Garten anlegt.« (chin. Sprichwort)

Wer die Uckermark kennt, denkt an unberührte Natur und einzigartige Landschaftsräume, an anderswo längst selten gewordene Pflanzen und Tiere, an Hügel, Wälder, Felder, Steine, Seen und Flussläufe, an Schmetterlinge und Singvögel – vielleicht an einen großen schönen Garten.
Viel zu selten denkt man mitunter an die vielen privaten Gärten, die oftmals voller Hingabe gestaltet und gepflegt werden. Wer kennt sie und wer schaut sie an? Ab und an kann man über Hecken und Gartenzäune sehen, wird neugierig und entdeckt nur Bruchteile eines interessanten privaten Gartens und fragt sich, wie die eine oder andere Pflanze heißt, was da rankt und klettert oder welche Schätze weiter hinten verborgen sind. Und selten traut man sich, stehenzubleiben oder gar den Gärtner anzusprechen ... vom Fotografieren ganz zu schweigen! Es sei denn, man nutzt die »Offenen Gärten der Uckermark« – zwei Wochenenden, an denen die Hobbygärtner ihre Gartenpforten offiziell für Besucher öffnen. Perfekt, um endlich nach Herzenslust Garten zu durchstreifen, Fragen zu stellen oder aber das geliebte eigene Refugium von Gleichgesinnten bewundert zu wissen.
Vom kleinen Hausgarten bis zum großen Park am Gutshaus; liebevoll gestaltete Oasen, Teichlandschaften, Künstlergärten oder auch naturbelassene Anlagen laden zum Verweilen oder Fachsimpeln ein. Die typische Streuobstwiese, prachtvolle Edelrosen oder urwüchsige Wiesenblumen, Hecken, Sträucher, Stauden, Blumenrabatten, ganz individuelle Dekorationen, exotische Gehölze oder Pflanzungen bewährter heimischer Gewächse können Anregung für den eigenen Garten oder einfach nur schön und vielleicht Fotomotiv sein.
Auf dem Weg zum nächsten Garten wird der natürliche Charme der Region den Ausflug zusätzlich unvergessen machen.
Und fehlt einmal die Zeit zum Reisen, bietet dieser Text-Bildband der Fotografin Ines Markgraf und des Autors Bernhardt Rengert über die »Offenen Gärten der Uckermark« garantiert eine genussvolle Alternative. Erleben Sie rund ums Jahr ein Stück irdisches Eden und lassen Sie sich für Besuche in der Uckermark inspirieren. Es lohnt sich!

Heike Zumpe

◂ Der Rote Sonnenhut bietet mit seinem goldorangen Blütenkopf und den magentaroten Blütenblättern ein reizvolles Bild.

Bescheidenheit als malerische Zier

Klein, aber fein: Der Cottage-Garten von Antje Wortmann lässt Besucher in Lychen staunen.

Ihr Traum sei es gewesen, Gartenarchitektin zu werden, gesteht Antje Wortmann. Das Leben wollte es anders, doch auf knapp 350 Quadratmetern hat sie in ihrem Garten an der Lychener Oberpfuhlpromenade nun verwirklicht, was ihr aus gesundheitlichen Gründen als junger Frau einst verwehrt war. Hier war und ist sie alleinige Planerin und Ausführende, sozusagen gärtnernde Hausherrin – im besten Sinne »Gartenarchitektin«. Was dabei entstanden ist, das kann sich sehen lassen und tatsächlich bleiben immer wieder am Oberpfuhl entlang promenierende Gäste bewundernd stehen und lugen über den Gartenzaun auf die fast das ganze Jahr hindurch zu bestaunende Blütenpracht. Seine volle Schönheit erschließt sich dem Betrachter aber erst im Garten sitzend, mit dem Rücken zum Haus und den Blick auf den nahegelegenen See gerichtet. Der Größe geschuldet, entschied sich Antje Wortmann für die Gestaltung eines Blumen- und Blütengartens im Cottage-Stil. So zieht sich die Blütenpracht nun wirklich durch das ganze Jahr. Beginnend mit einem Meer aus Frühblühern und Helleborus orientalis, die von Paeonien, Hosta, von verschiedenen Stauden und alten Rosen abgelöst und farblich immer noch von diversen einjährigen Sommerblumen unterstützt werden, dehnt sich ein bunter Blütenteppich bis lange in den Herbst hinein. Der setzt mit seiner bunten Blätterfärbung dann sogar noch ganz eigene Akzente. Antje Wortmann stellt klar: »Ich habe dabei kein Farbkonzept, denn in der Natur passen alle Farben zueinander. Bei mir muss es einfach bunt sein.« Die Lage in unmittelbarer Seenähe erklärt sie als wichtigen Vorteil, denn es friere nicht so viel weg. Dahlien, Zinnien, Mutterkraut und Tagetes hat sie sich selbst gezogen. Andere Pflanzen, wie die Dichternarzisse und die Märzenbecher haben schon eine kleine Odyssee hinter sich. Die hat sie sich einst schon bei der Großmutter in Lychen ausgegraben. Von dort zogen sie mit ihr mit und gelangten über Niedersachsen und Dänemark in ihren Hamburger Schrebergarten, ehe sie über Schleswig-Holstein 2005 wieder nach Lychen

◂ Dahlie, Flammenblume (Phlox) und Weißer Eisenhut ergeben ein buntes Bild unter der Magnolie.

Antje Wortmann nimmt in ihrem Garten gern ein Buch zur Hand und genießt ihren Kaffee dazu.

Es gibt viele kleine Details zu entdecken und manchmal werden Gebrauchsgegenstände mit Pflanzen wie dem Fleißigen Lieschen, der Waldrebe und der Muehlenbeckia dekorativ aufgewertet.

kamen. Als sie und ihr Mann sich 1995 entschlossen, Haus und Hof der Großmutter zu übernehmen, war erst einmal eine Menge am und im Haus zu tun. Erst ab 2005 hat sie begonnen, mit Unterstützung ihres Mannes, der sich ansonsten jetzt mehr um den etwas auswärts gelegenen Nutzgarten kümmert, kontinuierlich an der Umgestaltung des kleinen Hausgartens zu arbeiten. So lange, bis er ihren Vorstellungen entsprach. »Aus rein praktischen Gründen hatten wir zuerst alles beräumt und fast nur eine Rasenfläche gelassen.« Stehen blieb nur ein knorriger Apfelbaum, der mit seiner stattlichen Größe noch heute beeindruckt. »Den hat meine Großmutter 1940 gepflanzt«, versichert Antje Wortmann. Sie muss es wissen, denn bis 1959 war sie in den Schulferien oft und gern bei der Großmutter zu Gast.

Dieser Apfelbaum blüht zwar jedes Jahr und konkurriert mit seinen zarten weiß-rosa Blüten im Frühjahr stets wunderschön mit der neu gepflanzten japanischen Zierkirsche, aber er trägt nur jedes zweite Jahr. Seine gelben Äpfel seien erst im Oktober reif und herrliche Lageräpfel, die sich bis in den März hinein hielten, schwärmt Antje Wortmann von den Vorzügen des Baumes. Im Übrigen hätte sie sich bei der Anlage ihres Gartens von Karl Foersters Devise »Kein Garten ohne Phlox« leiten lassen und erwähnt beiläufig, dass sie dessen Tochter noch persönlich kennen gelernt habe. Sie weist auf eine ins Auge fallende

Besonderheit in ihrem dicht bepflanzten Garten, eine Pimpernuss. Ihre Schwiegermutter, erzählt sie lächelnd, hätte den im Mai und Juni blühenden Strauch ihr gegenüber immer nur »Maiglöckchenstrauch« genannt. Zwischen den Blumen und Sträuchern ist kaum ein Stück nackter Boden zu sehen. »Ein Gärtner will nicht viel Erde sehen«, bestätigt Antje Wortmann und erinnert an einen Ausspruch, der über den Gärtner sagt, dass er eine scharfe Schere und ein hartes Herz haben müsse. »Gerade in solch einem Garten – im Kleinen mehr als im Großen – muss viel geschnitten werden.«

Ich denke an das englische »pottering around«, das sich mit der Entstehung der Cottage-Gärten auf der Insel fast als geflügeltes Wort etabliert hat, ist eine hübsche Umschreibung dafür ist, dass es in solch dicht bepflanzten Gärten rundherum immer irgendetwas zu tun gibt. Antje Wortmann kann dem nur zustimmen, aber sagt: »Auch wenn solch ein Garten viel Pflege braucht, will ich nicht Sklave des Gartens sein«. Arbeit bereite er eigentlich vor allem im Frühjahr und im Herbst. Den Sommer über sei ihr Garten mehr Freude und die genießt sie gern beim Kaffee mit ihrem Mann zusammen in der beschaulichen Sitzecke.

Persönlich notiert

Antje Wortmann: »Für mich ist das Gärtnern Erholung. Ich muss nur mit meinen Händen in der

Links: Ein Blickfang ist die panaschierte Sterndolde.

Rechts: Zur Familie der Rosengewächse gehört Mädesüß – hier in einem herrlichen Rosa.

▶ Folgende Seiten: Cottage-Garten mit Seeblick

Strauchpappeln, auch Bechermalven genannt, kommen überwiegend im Mittelmeerraum vor.

Erde wühlen, schon das motiviert mich ungemein und baut mich auch sofort wieder auf, wenn ich mal niedergeschlagen bin.«

Reisetipps des Gärtners

Geöffneter Garten

Stargarder Straße 8 (Eingang Oberpfuhlpromenade), 17279 Lychen, Tel.: 039888-3602

Sehenswertes in der Nähe?

Eine Floßfahrt auf dem Oberpfuhlsee mit anschließendem Besuch des Flößereimuseums sind bei uns ein Muss. In Lychens Umgebung lässt es sich aber auch gut Radfahren.

Das Kirchlein im Grünen in Alt Placht und das Walddorf Küstrinchen sind lohnende Ausflugsziele.

Wo lässt es sich gut essen und trinken?

Das nahegelegene »Strandcafé«, das Hofcafé in der Vogelgesangstraße und das Ausflugslokal »Alte Mühle« sind empfehlenswerte Tipps.

Was tun bei Regen?

Vielleicht läuft im Lychener »Alten Kino« gerade eine Vorstellung. Ganz neu und sehenswert ist auch die Heimatstube in der Stabenstraße, für deren Ausstellung zahlreiche Lychener alte Erinnerungsstücke zusammengetragen haben.

Extra

Etwas besonders Köstliches ist Antje Wortmanns Rosen-Gelee. Sie verwendet dafür ausschließlich möglichst stark duftende Blütenblätter der historischen Rosen aus ihrem Garten. Das Rezept einfach beim nächsten Besuch erfragen.

◂ Ein Blumenmeer aus Flammenblume, Sterndolde, Akelei, Feinstrahl und Eisenhut, der 2005 zur Giftpflanze des Jahres gewählt wurde.

Wo sich Fuchs und Hase »Gute Nacht« sagen

Ein Garten wie im Märchen: Zu Gast bei Sigrid und Klaus-Dieter Hollendorf in Metzelthin

Kennen Sie den Garten von Frau Holle? Den aus dem Märchen? Die Brüder Grimm geben zur Suche herzlich wenig Anhaltspunkte, denn bei ihnen ist nur ziemlich unbestimmt von »einer schönen Wiese, wo die Sonne schien und viele tausend Blumen standen« die Rede, und einen Apfelbaum soll es dort auch gegeben haben. Den Garten gibt es. Ein hölzernes Schild weist den Weg. »Frau Holle« wohnt in Metzelthin, das liegt bei Templin, gleich hinter Klosterwalde und ist auch über den Radweg »Spur der Steine« bei einem Tagesausflug im Urlaub gut zu erreichen.

Die »schöne Wiese« entpuppt sich als helle, große Lichtung im Wald. Apfelbäume gibt es mehr als einen, und »Frau Holle« heißt im wahren Leben Sigrid Hollendorf, die nicht von Goldmarie unterstützt und auch nicht von Pechmarie geärgert wird. Ihr zur Seite steht stattdessen tatkräftig ihr Mann Klaus-Dieter und manchmal sind paar Helfer da. Das ist auch nötig, denn ihr Garten ist tatsächlich ein Märchengarten, liebevoll und ideenreich auf gut 10 000 Quadratmetern als Erlebnisgarten Märchenland »Frau Holle« gestaltet und seit 1995 für Alt und Jung öffentlich zugänglich. Wie es dazu kam und sie selber zur »Frau Holle« wurde, schildert Sigrid Hollendorf gern.

Ein bisschen Vorgeschichte muss sein. In den letzten Kriegsmonaten hatten ihre Großeltern mütterlicherseits, Martha und Richard Gilbricht, aus Schlesien flüchten müssen. Weil sie ihren Weg über Auerbach im Vogtland nahmen und erst ziemlich spät in Metzelthin ankamen, erhielten sie, als es um die Zuteilung des Bodenreformlandes an die Umsiedler ging, nur noch das letzte Stück am Wald. »Das war der schlechteste Boden«, erklärt sie. »Um ihm überhaupt etwas abzuringen, verlegte sich Großvater auf die Imkerei und Großmutter auf die Gärtnerei, denn mit der Anzucht von Gartenpflanzen und vor allem Blumen, ließ sich ein wenig verdienen.« Letztlich reichte es »grade man so«. Viel Arbeit und wenig Erlös. Die kleinen Hütten auf dem Grundstück errichteten sie sich aus alten Bahnschwellen in

◂ Der Froschkönig begrüßt inmitten der Indianernessel seine Besucher.

Sigrid und Klaus-Dieter Hollendorf sind gern Gastgeber.

Links: Sigrid Hollendorf zeigt den Kindern einige Märchenblumen – im Hintergrund steht eine Süßkirsche.

Rechts: Ein duftendes Lavendelmeer

Blockhausbauweise. Die konnten sie sich sichern, als die in der Nähe vorbeiführende Bahnstrecke Templin-Hardenbeck-Fürstenwerder als Reparationsleistung demontiert wurde. Als es ans Erben ging, wollte keiner der drei erbberechtigten Enkel seinen Anteil wirklich haben, bis sich Klaus-Dieter und Sigrid Hollendorf 1983 entschlossen, das Grundstück doch zu übernehmen. »Aber nur zur Wochenendnutzung«, betont sie und versichert, »den Hausausbau haben wir damals mit Blumenverkauf finanziert«.

Die Wende zwang sie dann, alles neu zu überdenken, und 1994 zogen sie gänzlich auf das Grundstück. Der Tourismus sollte entwickelt werden, und vom Kulturbund war sie auf Ideen angesprochen worden, was man für Kinder machen könnte. »Den Spitznamen Frau Holle hatte ich sowieso schon, da lag es doch nahe, mit Hilfe des Brandenburgischen Kulturbundes ein Märchenland auf dem Gelände entstehen zu lassen.« Sie war nun Projektleiterin, und mit Hilfe von sieben geförderten Stellen wurde ein Jahr lang geprobt und gebaut. So entstand als erstes das Hexenhaus. Eine ganze Reihe von Spielen und kindgerechte Beschäftigungsmöglichkeiten im Garten wurden entwickelt. »Am 19. Juni 1995 war Eröffnung mit Kindern aus der Schule in Warthe. Mit den Warthern hat der Fernsehsender ORB dann auch einen Werbefilm gedreht. So ging es los.« Wenn es keine geförderten Stellen gab, haben ihr Mann und sie versucht, alles allein aufrecht zu erhalten.

Inzwischen »lebt« Sigrid Hollendorf ihre Rolle, das spürt jeder sofort, der sie heute mit Kindern im stetig gewachsenen Märchenland besucht. Neben dem Hexenhaus gibt es, eingebettet in den großen Garten, nun auch einen Märchenbrunnen, einen Rapunzelturm, dazu einen Feldsteinbackofen, einen Abenteuerspielplatz und eine Puppenbühne. Das eigentlich Besondere ist die hier gefundene Verbindung all dieser Dinge mit dem ausgedehnten Garten zum »echten«

Märchengarten. In den Blumenbeeten platzierte Frösche erinnern an das Märchen vom Froschkönig, und lustige bunte Schmetterlinge führen quer durch die Anlage. Kinder fühlen sich in dem schönen Garten geborgen, und sie dürfen naschen – von den Weintrauben, aber nicht vom Holunder, dem »Hollerbusch« der Kindermärchen Hans Falladas, dessen Wohnhaus und Garten im nahegelegenen Carwitz besucht werden kann. Es ist erstaunlich, welche Pflanzenfülle Märchen enthalten, und vieles davon findet sich auch im Märchenland wieder. Etwa der Nieswurz, das Kräutlein »Niesmitlust« aus der Geschichte vom Zwerg Nase oder »Rapunzelsalat«. Beim Stichwort »Schneeweißchen und Rosenrot« kommt wohl jeder schnell auf weiße und rote Rosen, umgedreht ist es schon schwieriger. »Beim lustigen Kräuter- und Blumenraten stellt sich oft heraus, dass sich die Kinder besser auskennen als ihre Eltern oder Großeltern«, erzählt Sigrid Hollendorf. Zu lernen gibt es bei »Frau Holle« für Groß und Klein etwas, etwa wenn sie im Sommer beweist, dass Tee aus Pfefferminze mit Zitronenmelisse und Eiswürfeln viel erfrischender wirkt und besser ist als süße Cola. Sie empfiehlt auch andere, Wunder wirkende Teesorten wie Orangen- und Zitronenthymian, natürlich auch Minze- und Salbeitee. »Märchen helfen heilen«, sagt Sigrid Hollendorf.

Zauberhaft sind die von Jens Mielke geschnitzten und im Garten aufgestellten fünf Märchenfiguren – das Rotkäppchen, der Wolf dazu, die Hexe aus »Hänsel und Gretel«, Rumpelstilzchen und der kleine Feuerteufel. »Der Feuerteufel« war auch das erste Stück, das in der Puppenbühne des Märchenlandes gespielt wurde. Klaus-Dieter Hollendorf verrät: »Unser aktuelles Stück handelt von der kleinen Raupe Paulinchen«. Da geht es natürlich um einen Schmetterling, der mit den Kindern zusammen Blumenblüten erkundet.

Blüten werden von den Bienen geliebt, Bienen, um die sich nun Klaus-Dieter Hollendorf kümmert,

Links: Die Essecke der sieben Zwerge lädt zur kleinen Rast ein.

Rechts: Klaus-Dieter Hollendorf widmet sich der Familien-Imkerei.

Bunt wie die Märchen: Schmuckkörbchen, Schleierkraut, Dahlien, Schafgarbe, Nelken, Trichtermalve und Indianernesseln in Eintracht mit Walnuss- und Apfelbaum

denn die Imkerei des Schwieger-Großvaters hat er übernommen. Wer nach dem Bummeln durch die Blumenschaubeete, den Hexenkräutergarten und all die anderen spannenden, märchenbehafteten Dinge ein wenig entspannen möchte, der kann auch das in einer der gemütlichen Sitzecken oder träumend in einer Hängematte. Vielleicht fällt ihm dabei dann auch ein, was es mit dem Salat oder mit den Kohlköpfen im Gemüsebeet auf sich haben könnte. Wie war das doch gleich beim Wettlauf von Hase und Igel? Was wuchs da eigentlich auf dem Feld? Eines steht nach dem Besuch bei Frau Holle in Metzelthin jedenfalls fest – auch für Gartenfreunde kann das Stöbern in Märchenbüchern noch so manche Anregung bringen.

Persönlich notiert

Sigrid Hollendorf: »Es ist immer wieder schön, die Kinder in unserem Märchenland zu erleben. Wenn sie mit großen Augen staunend etwas Neues im Garten entdecken oder stolz sind, wenn sie im Wettstreit als erster die richtige Lösung finden. Der

Garten mit seinen Pflanzen, die Kinder und Märchen, das gehört für mich einfach zusammen.«

Reisetipps des Gärtners

Geöffneter Garten

Das Märchenland »Frau Holle« in Metzelthin 1 hat immer von Ostern bis Ende Oktober jeweils Mittwoch von 9–13 Uhr und am Sonnabend und Sonntag von 9–17 Uhr geöffnet. Tel.: 039885-2164 oder 0174-6087218, www.maerchenland-metzelthin.de

Sehenswertes in der Nähe?

Für Familien mit Kindern empfiehlt sich ein Ausflug nach Himmelpfort, der Besuch im dortigen »Haus des Gastes« mit der Weihnachtsmannstube ist besonders im Advent, wenn dort der Weihnachtsmann mit seinen Helfern und Helferinnen Tausende Kinderbriefe beantwortet, ein Erlebnis. Von April bis Oktober bieten sich Halb- oder Ganztagestouren mit der ganzen Familie auf der Draisinenstrecke zwischen Templin und Fürstenberg/Havel an. (siehe www.erlebnisbahn.de)

Gern besucht wird das Märchenland von Familien.

Wenn die Besucher die kleinen Lavendelsäckchen mit nach Hause nehmen, dann werden sie sich noch Wochen später an einen erlebnisreichen Tag bei Frau Holle erinnern.

Wo lässt es sich gut essen und trinken?
Im Gasthof »Drei Eichen« im nahegelegenen Warthe wird gutbürgerlich gekocht. Besonders empfehlenswert sind Wildgerichte.
Was tun bei Regen?
In der Mühlenstraße 8 in Templin kann man beim Kerzenziehen und Schnitzen zusehen und es sogar selbst probieren. Ein Besuch einer der Aufführungen des Puppentheaters Lampion in Funkenhagen ist sicher auch ein Erlebnis für die ganze Familie.

Extra
Ein Tipp zum Selbermachen: Für kleine Leinensäckchen Stoff doppelt in der gewünschten quadratischen Größe zuschneiden, an drei Seiten mit kleinen Stichen miteinander vernähen, umstülpen und die letzte Seite mit einem einfachen Kordelzug versehen. Das so entstandene Säckchen mit getrockneten Lavendelblüten gefüllt und zugeschnürt verströmt beruhigende Düfte und vertreibt, zwischen die Wäsche gelegt, die Motten.

◂ Leuchtende Sonnenblumen ziehen Insekten magisch an.

Die Rosensammlerin

Hinter Schönermarks Handarbeitsstübchen wachsen Katrin Lübckes Alte Rosen.

Katrin Lübcke ist mit der Landwirtschaft groß geworden und stammt aus Grevesmühlen. Beim Studium lernte sie ihren Mann kennen und mit ihm ging sie 1985 in die Uckermark, nach Schönermark. Die Zeit brachte es mit sich, dass beide heute auf dem Hof wirtschaften, den Jens Lübcke einst als Lehrling kennengelernt hatte. »Die Bäume am Zaun, zum Acker hin«, erzählt Katrin Lübcke, »hat er noch als Lehrling gepflanzt. Die knapp 900 Quadratmeter des Rasendreiecks davor, zwischen Zaun und Büro, hat dann unsere Tochter als Lehrling noch mähen dürfen.« Das kleine Bürohäuschen neben der Einfahrt zum Landwirtschaftshof am Arendseer Damm war irgendwann nicht mehr nötig und ohnehin schon lange nicht mehr zeitgemäß. Jens Lübcke wollte es einfach abreißen. Das war 2004. Seine Frau hatte eine andere Idee und so blieb es stehen.

Fortan prangte über der Eingangstür deutlich sichtbar das Schild »Handarbeitsstübchen«, und jeden Donnerstagabend treffen sich noch heute die handarbeitsbegeisterten Frauen der Umgebung. Handarbeiten mit Wolle, Garn und Stoffen hat Katrin Lübcke schon früher gern gemacht, Sticken zum Beispiel und Patchwork. Das nötige Geschick, die Fingerfertigkeit und die Begeisterung bringt sie mit, die nötigen Techniken hat sie sich meist selbst oder im Austausch mit Gleichgesinnten angeeignet. Wenn sie sich heute an die Nähmaschine setzt und ihren Blick nach draußen schweifen lässt, dann ist da vom einstigen »Rasen« allerdings kaum noch etwas zu sehen. Katrin Lübcke erzählt schmunzelnd: »Aus der Not heraus ist aus dem Rasenstück ein Garten und das Büro seit 2008 zur Sommerresidenz geworden«. Mitgekommen ist Belshéa vom Weinbergshaus, eine norwegische Waldkatze, die sich Lübckes vor Jahren aus Bad Freienwalde mitgebracht haben und die sich sichtlich wohl fühlt. Warum der Garten vor allem voller Rosen steht, hat seine eigene Geschichte. Man reise gern. In Südamerika und auch in Vietnam seien sie schon gewesen. Stolz zeigt Katrin Lübcke filigrane und originelle

Trotz der Regentropfen am Morgen erstrahlt die »Abraham Darby« – hier in Kombination mit Lauch.

Bei Katrin Lübcke oft fließender Übergang: Sticken oder Rosenpflege

Rose »Leander« mit Clematis in attraktiver Zweisamkeit

Handarbeiten, die sie von überall mitgebracht haben. So nachhaltig wie ein verlängerter Wochenendausflug nach Sangerhausen allerdings habe bisher keine ihrer Reisen gewirkt. »Wir besuchten dort 2007 das Europa-Rosarium. Das war der Anfang einer neuen Leidenschaft für mich.« Auf zwölfeinhalb Hektar ist dort, wie es heißt, die weltgrößte Rosensammlung zu sehen. Über 75 000 Rosen in mehr als 8300 Sorten und Arten. Besonders angetan hatten es Katrin Lübcke die alten, historischen Rosenzüchtungen und sie brachte sich eine mit. Das war eine Rose de Resht. Diese wohl aus Persien stammende Rose aus der Gattung der Damascena-Rosen gilt allgemein als beliebte »Anfängerrose«. Das mag an ihrer Anspruchslosigkeit liegen. Sie ist nicht ganz so frostempfindlich und bildet in bis zu 1,20 Meter hohen, dicht belaubten Sträuchern von Juni bis in den Herbst hinein üppige, kirsch- bis fuchsienrote, pomponartige Blüten aus. Der Duft, den die bis zu acht Zentimeter großen Blütenrosetten verströmen, ist intensiv, um nicht gleich »betörend« zu sagen. Ein paar moderne Rosen hat Katrin Lübcke hinter dem Haus inzwischen zwar auch stehen, weil sie länger und später, meist sogar zweimal im Jahr blühen und dadurch den bunten Blütenrausch am Arendseer Damm verlängern, aber nach wie vor begeistert sie sich vor allem für die Alten Rosen. »Jede Rose hat etwas und ist für sich schön«, bringt sie ihre andauernde Rosensammelleidenschaft auf den Punkt, die einst die Rose de Resht bei ihr auslöste. Theoretisches und praktisches Rüstzeug zur Rosenpflege hat sie sich angeeignet. Sie schwört auf ihre »Rosenbibel«, die vom französischen »Rosenpapst« Francois Joyaux herausgegebene »Enzyklopädie der Alten

Lavendel ist der klassische Rosenbegleiter.

Rosen« und holt sich weitere Informationen über die Internetplattform www.helpmefind.com. Von ihr am PC erstellte Listen dokumentieren akribisch die bislang 125 verschiedenen Rosensorten und neun Wildrosenarten, die im Garten in den verschiedensten Farben blühen. Sogar eine lila Blühende findet sich darunter, während es in der Rosenhecke weiß bis purpurn leuchtet.

Ihren Besuchern erleichtert Katrin Lübcke das Erkennen der verschiedenen Rosen im stetig wachsenden Rosarium mit selbst gefertigten kleinen Keramikschildern. Die sind in Raki-Technik entstanden, die sie sich in einer Töpfereiwerkstatt angeeignet hat. Das ist den Rosen im Garten ebenbürtig. »Mit dem Sammeln der Alten Rosen«, erläutert Katrin Lübcke ihr Kredo, »verbindet sich für mich nicht nur einfach die Faszination, die von ihnen ausgeht, sondern inzwischen auch der Anspruch, mit ihrer Pflege etwas dafür zu tun, diese historischen Sorten nicht aussterben zu lassen.« So leicht kann ihr heute keiner mehr was über Rosen erzählen. Einst Lernende, hilft sie nun schon mal in Karlstein beim Rosenhof Flemming aus, wenn es ans Veredeln der Rosen geht und jede Hand gebraucht wird.

In ihrem Rosengarten unter Magnolien oder hinter der Nähmaschine sitzend mit Blick hinaus aus dem Handarbeitsstübchen, ist die farbenfroh leuchtende Rosenpracht auch schon Anregung und Quelle neuer Inspirationen für ihre Handarbeiten geworden. So schließt sich dann der Kreis wieder. Jens Lübcke derweil zieht mit dem Spaten los. »Ich buddle hier nur die Löcher«, scherzt er und freut sich an der Rosen-Leidenschaft seiner Frau, die um stete Pflege und Erweiterung ihrer Sammlung bemüht ist. Noch ist Platz.

Persönlich notiert

Katrin Lübcke: »Ich halte es mit Karl Foerster, der einmal gesagt hat: ›Je schöner ein Garten ist, desto mehr Plätze für Rosen ergeben sich von selbst‹.«

Reisetipps des Gärtners

Geöffneter Garten

Zu finden ist Katrin Lübckes Rosengarten in Schönermark am Arendseer Damm 1. Zu besichtigen ist die Rosenpracht nach telefonischer Anmeldung: 039852-49933 oder 0174-7566887.

Sehenswertes in der Nähe?

Das Heimatstubenfest in Fürstenwerder ist zwar etwas ganz Besonderes, doch sind die Dauer- und Sonderausstellungen immer einen Abstecher wert. Auch sonst hat Fürstenwerder mit Künstlerateliers, Findlingsgarten, Badestelle und schönem Abenteuerspielplatz einiges für Besucher zu bieten.

Wo lässt es sich gut essen und trinken?

Wir empfehlen Haus und Küche des nahegelegenen »Hof Kokurin« in Naugarten.

Extra

Rosenblütenblätter lassen sich vielfältig verwenden. Versuchen sie es doch einmal mit einer sehr erfrischenden, alkoholfreien Rosenbowle (Angaben für zwei Personen). Dazu in ½ Liter stilles Wasser die frisch gezupften Blütenblätter von zwei Duftrosenblüten geben. Den Saft einer kleinen Zitrone und zwei Esslöffel Zucker hinFzugeben und so lange umrühren, bis sich der Zucker vollständig aufgelöst hat. Über Nacht mit einem Tuch abdecken und ziehen lassen. Am nächsten Tag durch ein Sieb gießen und die Flüssigkeit mit ¼ Liter Kinder- oder alkoholfreien Sekt auffüllen.

Die moderne Rose »Moulineux« hat den Charme einer »Alten Rose«, daneben ebenfalls eine Züchtung aus dem Hause Austin: »Tess of the D'Urbervilles«.

◂ Ruhige Insel unter ausladenden Ästen

Kräuter und Tees in Hülle und Fülle

Schmackhaft und voller Anregungen: Der Garten von Antje und Peter Richter in Grunewald

Das mitten im Ort gelegene Haus in der Dorfstraße 33 ist in Grunewald und Umgebung eher als das »Efeuhaus« bekannt. Das hat seinen Grund, denn ehe er doch zurückgestutzt werden musste, hatte der hochgewachsene Efeu noch auf ganz markante Weise den Hausgiebel vollständig bis hinauf zur Dachspitze eingehüllt. Der eingebürgerte Name blieb, auch wenn das Haus jetzt ein wenig anders aussieht. Er steht nicht nur unter der Hausnummer, die Grunewalder gehen auch zum »Efeuhaus«, wenn sie sich von Antje Richter Bücher empfehlen lassen oder ausgelesene zurückbringen wollen – aus der mehrere tausend Bände umfassenden Hausbibliothek und kostenlos.

Antje Richter ist mit Leib und Seele Bibliothekarin, auch jetzt noch, da sie und ihr Mann längst im Ruhestand sind. Eine andere ihrer Passionen hat mit dem Garten zu tun und trifft sich da mit der Leidenschaft ihres Mannes, des einstigen Agrotechnikers Peter Richter. »Eigentlich bin ich eine Kräuterhexe«, gibt sie sich geheimnisvoll und weist auf ihre Kartei, die über 400 Pflanzen enthält.

Alles, was sie zu deren Verwendung und Wirkung findet, wird akribisch zugeordnet. Die Küche musste schon ringsum mit eigens angefertigten Regalen ausgestattet werden, um den vielen Kräutern und zahllosen Teesorten in hübsch gestalteten Dosen Platz zu machen. Die stehen da natürlich nicht zur Zierde, sondern werden auch verwendet. Gern probiert sie neues für sich aus, »vegetarisches Gehacktes oder den vegetarischen Fisch zum Beispiel«. Ungläubigen erklärt sie, dass die Austernpflanze wie Anchovis schmeckt und lässt kosten. Es überzeugt so, dass man ihr gern glaubt, »Leberwurst« aus Linsen zubereiten zu können.

Ihr praktisches Wissen will sie nicht für sich behalten und hält deshalb auch gern Vorträge. Meist dreht es sich dabei um natürliches Gärtnern. Die Tipps und Ratschläge, die sie auf diese Weise auch schon zur Zubereitung wirksamer Kräutertees und schmackhafter Kräuterquarksorten weitergegeben hat, werden dankbar angenommen. Nicht zuletzt die Hausgäste in der gemütlich eingerichteten

◄ Der Sonnenhut bringt den Sommer zum Leuchten.

Antje und Peter Richter in ihrem »schmalen Handtuch«

Links: Der Hofgarten ist die Verbindung zwischen drinnen und draußen.

Rechts: Peter Richter bringt die Buchsbaumhecke regelmäßig in Form.

Ferienwohnung des »Efeuhauses« nutzen gern das ungewöhnlich reiche Kräuterteeangebot. Das meiste von dem, was sie dafür braucht, wächst im eigenen Garten. Dabei wirkt der Garten hinter dem »Efeuhaus« auf den ersten Blick eher klein, geradezu winzig, denn er misst nur knapp elf Meter von der linken zur rechten, streng durch Zäune von den Nachbarn getrennten Grundstücksgrenze. Die Länge macht das aber um fast das Zehnfache wieder wett. Das sind zwar immerhin gut 1000 Quadratmeter Nutzfläche. Aber wie gestaltet und bewirtschaftet man solch ein schmales »Handtuch«?

Die Lösung, die Antje und Peter Richter fanden, ist faszinierend. Alles hat harmonisch seinen Platz gefunden, nichts scheint zu fehlen, es sieht sehr gepflegt, ja idyllisch aus und wirkt weder schmal noch unendlich lang. Eher schon wie die Zimmerflucht eines Schlosses, die hinter jeder sich öffnenden Tür immer wieder neue, noch zauberhaftere Einblicke gewährt. Statt der auch abschirmenden Türen gehen die klar gegliederten Räume des Gartens allerdings eher unmerklich sanft ineinander über, bis sich – am Ende angelangt – der Blick in die Weite der flachen Landschaft eröffnet. Überall grünt und blüht es in berauschender Fülle. Sehr bald schon ist ersichtlich, dass nahezu alles, was hier wie in einem Ziergarten wächst und gedeiht, nutzbar ist und von Antje und Peter Richter auch genutzt wird.

Die Rote Gartenmelde lässt sich zum schmackhaften Salat verarbeiten. Die ausdauernde Kresse würzt den Frühstücksquark, und die Inka-Gurke, eine vorgezogene, nicht winterharte südamerikanische Gurkenart, ist für Diabetiker interessant, denn ihr wird nachgesagt, Cholesterin und Bluthochdruck zu senken. Besonders schmackhaft seien ihre Früchte, wenn sie noch klein, höchstens so groß wie Gewürzgurken seien und dann geerntet werden, versichert Antje Richter. In ihrem Garten wachsen auch der eher selten angebaute ewige Kohl, die sehr geschmackvolle orange blühende Gewürztagetes und Amaranth, das »Inkagetreide«. Überhaupt zeigt sich, dass die meisten der

nutzbaren Pflanzen ursprünglich in Südamerika beheimatet waren. Das trifft auf Agastache – eine Teepflanze – genauso zu wie auf die Kartoffeln, die bei Richters als »Heukartoffeln« bezeichnet werden. Inspiriert von einem Beitrag in der Gartenzeitschrift »Kraut & Rüben« werden bei ihnen die Kartoffeln nämlich nicht mühevoll ins Erdreich eingebracht, sondern auf den blanken Boden gelegt, mit Heu bedeckt und können dann auch um so leichter wieder geerntet werden. Der kreisrund und gut zugänglich angelegte Kräutergarten bietet eine überraschende Auswahl. Zu zählen sind über 30 verschiedene Arten, die dank der von Peter Richter mit weißer Farbe auf graue, runde, kaum handtellergroße Kiesel geschriebenen Namen auch leicht zu unterscheiden sind. Hierher rühren vor allem die Inhalte der Dosen in der Küche wie Weiße Taubnessel, Schafgarbe, Wiesensalbei, Zitronenmelisse, Beinwell, Säuerling, Johanniskraut, Alant, Knollenfenchel, Ringelblume und Garteneibisch, um nur einige zu nennen. Der unter Naturschutz stehende gemeine Eibisch, erzählt Antje Richter, ist eine alte Heilpflanze, deren Blüten und Wurzeln verarbeitet wurden. Die Wurzeln wären früher die ersten »Hustenbonbons« gewesen. Malerisch in den Garten eingefügt sind auch Ruhezonen wie der Grillplatz hinter dem über hundertjährigen Boskop, auf den die beiden besonders stolz sind, und eine wie natürlich wirkende kleine Teichlandschaft, in der sich Lurche sichtlich wohlfühlen. Den Aushub für den Teich hat Peter Richter zu einem kleinen Hügel aufgetürmt, aus dem das Wasser leise über Steine plätschernd quillt und sich wie ein angedeuteter Bachlauf durch den Garten schlängelt. Sein Ziel ist ein Becken voller Teichrosen.

Antje und Peter Richter genießen ihren Garten und er ist ihnen zugleich Quelle immer neuer Inspirationen. Peter Richter malt, aber redet kaum darüber. Antje Richter probiert sich in immer neuen Kreationen von Säften, Salben, Tees, Marmeladen und Konfitüren aus. Sogar Löwenzahnhonig und Rosengelee gibt es bei ihr. Auf dem

Links: Antje Richter sammelt Blüten der Moschusmalve, einer Zier- und Heilpflanze.

Rechts: Einen Platz zum Entspannen und Entdecken bietet der Teich.

▸ Folgende Seiten: In diesem Kräuterrondell wurde die Natur in Form gebracht.

Links: Die Früchte des Schneeballstrauchs sind zugleich Vogelfutter für den Winter.

Rechts: Aus dem Waldmeister lässt sich erfrischende Bowle zubereiten. Und die Rote Gartenmelde ein Wildgemüse für gesunde Gerichte.

Rückweg macht Peter Richter auf einen als Türschwelle verarbeiteten Grabstein aufmerksam. Der war schon da, als sie vor 15 Jahren aus Eberswalde hierher kommend das Haus übernahmen. Ein bisschen makaber? Ach wo, es gibt prominente Beispiele für solche Lösungen, so den mit alten Grabsteinen gepflasterten Turmeingang der Kirche von Middelhagen auf der Insel Rügen, die schon Menzel und Feininger gemalt haben. Selbst im uckermärkischen Rosenow findet sich ein Türtritt aus alten Grabsteinen und sicher auch noch andernorts.

Persönlich notiert

Peter Richter: »Das chinesische Sprichwort ›Willst du ein Leben lang glücklich sein, so werde Gärtner‹ hat uns immer gefallen. Wir haben es bisher genau so gehalten und es nie bereut. Wer die Natur liebt und selbst einen Garten pflegt, der muss einfach ein guter Mensch sein.«

Reisetipps des Gärtners

Geöffneter Garten

Grunewalder Dorfstraße 33, OT Grunewald,
17268 Templin, Tel.: 039883-386, www.efeuhaus-

uckermark.de. Der Garten ist das gesamte Jahr über nach telefonischer Anmeldung geöffnet.

Sehenswertes in der Nähe?

In der alten Schule in Hammelspring kann in der »Chocolaterie Hammelspring« bei der Schokoladenherstellung über die Schulter gesehen werden. Die Westernstadt »El Dorado« vor den Toren Templins bietet sich für einen Urlaubstag der anderen Art an.

Wo lässt es sich gut essen und trinken?

Eher rustikal geht es im Landgasthof Krause in Grunewald zu. In Templin ist die Gaststätte »Zum Seglerheim« vor allem wegen ihrer Fischgerichte sehr zu empfehlen.

Extra

Rezept für Rosenessig: Eine Hand voll duftender, ungespritzter Rosenblütenblätter, einen halben Liter Apfelessig, eine Prise Zucker. Blütenblätter in ein Schraubglas füllen, Zucker dazu geben und mit Essig aufgießen. Fest verschlossen an einen dunklen und warmen Platz vier Wochen stehen lassen, ab und zu schütteln, danach abseihen und den Essig in Fläschchen füllen. Für frische Salate, aber auch als erfrischender Badezusatz zu verwenden.

Im Gartenteich fühlen sich neben Fröschen auch Molche und Ringelnattern wohl.

Ein Stück Toskana zaubern

Ihr Garten in Groß Kölpin ist Barbara und Sigurd Kuschnerus Quelle der Inspiration.

Zum »Mistelhof« geht es, aus Milmersdorf kommend, kurz vor der Ortslage von Groß Kölpin scharf rechts ab, noch ein gutes Stück Weges hügelan und hügelab. Entfernt erinnert das schon ein wenig an die Hügellandschaft der Toskana, dieser Sehnsuchtslandschaft für Touristen, für Künstler – ganz besonders Maler, für Kunstbegeisterte wie Aussteiger, die sich im fernen Italien den Traum der ewigen Sonne erfüllen. Ist es das, was die Marketingstrategen darauf kommen ließ, die Uckermark als die »Toskana des Nordens« zu bewerben? Über solche Grübeleien sein Gefährt um die Untiefen der unbefestigten Zufahrt zu steuern ist nicht ganz ungefährlich. Dann links und rechts von Rinderkoppeln eingegrenzt, tauchen fast unvermittelt die beiden Eingangspfeiler des Refugiums der Eheleute Kuschnerus auf. Ein Haus ist noch nicht zu sehen. Verborgen hinter gepflegtem, üppigem Grün geht es erst geradewegs weiter an Obstbäumen und zwei stattlichen Linden vorbei sowie an einer imposanten Feldsteinmauer mit vorgebauter Pergola, dabei sanft hügelab auf das Wohnhaus inmitten dieser ländlichen Idylle zu. Erst jetzt wird man gewahr, dass es gar nicht am Fuße eines Hügels errichtet ist, sondern noch hoch über dem im Sommer hinter dichtem Blattwerk uralter Eichen verborgenen Kölpinsee thront. Von dem an den Hausgiebel gesetzten Wintergarten aus lässt sich dieser malerische Blick bei jedem Wetter genießen. Das wissen auch ihre Pensionsgäste zu schätzen, versichert Barbara Kuschnerus.

Kaum mehr vorstellbar, wie es hier aussah, als die beiden Berliner 1992 dieses Fleckchen Erde für sich entdeckten. Sie war damals Innenarchitektin und Galeristin und er – wie bis heute – Maler. Maler der Großstadt, ein Realist, dessen Bilder filigrane Kunstwerke sind, die dem aufmerksamen Betrachter unzählige Geschichten erzählen. Wer sich in seinem großzügigen Atelier im Haus umschaut, dem werden nicht nur die Werke auf der Staffelei und an den Wänden auffallen. Man kommt kaum umhin, auch in den Ausstellungskatalogen zu blättern. Auch in Sigurd Kuschnerus Oevre finden sie sich, die italienischen Landschaften und immer wieder die Toskana: 1982, 1992,

◂ Sommerstillleben mit Kletterrose und Keramik-Artischocke

Barbara und Sigurd Kuschnerus genießen den Sommer.

Die üppige Hundsrose scheint den »Mistelhof« zu überranken.

▸ »Katzeline« schaut interessiert unter dem Orangenbaum hervor.

1996, 1998 … Da waren er und seine Frau schon dabei, das Siedlerhaus aus den 1920er-Jahren, das Flüchtlingen aus Ostpreußen Herberge war und später zur »Datsche« wurde, für sich und nach ihren Vorstellungen umzuformen. Geworden ist es Wohnhaus, Atelier und Pension in einem. Von Siedlerhaus keine Spur, dafür jedoch kaum zu übersehende Anleihen aus Italien, aus der Toskana. Das sind nicht nur solch augenfällige, wie das jetzt lang gestreckt wirkende Gebäude und dessen flach geneigtes Dach, sondern auch Kleinigkeiten wie der am Giebel sichtbare Terrakotta-Stirnziegel in Form einer Palmette. Auch die Sommergalerie unter der Pergola lässt vermuten, dass sich die Zwei ihren Traum von der Toskana in der Uckermark verwirklicht haben. »Als wir hier herkamen«, erinnert sich Barbara Kuschnerus, »haben wir überall Misteln gefunden. Das war unser erster und nachhaltigster Eindruck.« Da lag es nahe, den Hof »Mistelhof« zu nennen. Das hat sich bei Freunden, Gästen und Bekannten nun längst eingebürgert, und selbst die grüne touristische Beschilderung in Milmersdorf weist jetzt auf ihn hin. Dass sie ein Jahrzehnt lang alljährlich zum Ausklang der Sommersaison ein »Apfelfest auf dem Mistelhof« veranstalteten, das vor allem von vielen Malerkollegen gern besucht wurde, hat wohl zur Bekanntheit beigetragen. Für die beiden war es vor allem Antrieb, der Wildnis ihres 4500 Quadratmeter großen Anwesens immer wieder ein neues Stück zeigenswerter Schönheit abzuringen.

Bäume standen schon immer auf dem »Mistelhof«. »Gut 50 von ihnen und über 100 Sträucher haben wir im Laufe der Zeit noch dazu gepflanzt«, versichert Barbara Kuschnerus und gibt ihre Erfahrung mit sibirischem Knöterich zum Besten. »Der sieht schön aus, aber als ich ihn vor 15 Jahren an einer Stelle einsetzte, hatte ich keine Vorstellung davon, dass er derart beharrlich wuchern und bis zu zwei Meter tiefe Wurzeln ausbilden würde.« Kurz gesagt: »Für die Gartengestaltung ist er nicht zu empfehlen.« Genauso wenig wie die Herkulesstaude, das Riesendoldengewächs,

Links: Gartengespräch im Grünen mit einer Pfeifenwinde im Hintergrund

Rechts: Ein gemütliches Plätzchen

das einst als Zierpflanze aus dem Kaukasus eingebürgert und sich rasch ausbreitend längst zum Fluch der offenen Landschaft geworden ist. Heute wird die Pflanze bekämpft, wobei Schutzanzüge getragen werden müssen. »Prometheus«, wendet Sigurd Kuschnerus bedächtig ein, »hat einst in einem hohlen Stiel der Herkulesstaude die Glut transportiert, als er den Göttern das Feuer stahl, um es den Menschen zu bringen.«

Barbara Kuschnerus bevorzugt die sanften Pastelltöne. Knalliges Rot oder grell leuchtendes Gelb findet sich in ihrem auf geschwungenen Beeten in den Hang integrierten Blütengarten kaum. Sie liebt die verschiedenen Blau- und Lila-Töne, aufgelockert von frischem Weiß und hellem Zitronengelb. Ihrem Mann war der Garten schon Quelle der Inspiration, und so entstanden von manchem der insgesamt fünf im Garten verborgenen »Sitzecken« aus Aquarelle, die diverse Blumen in ihrer zarten Schönheit eingefangen haben. Leberblümchen, Königskerzen, auch Mohnblüten und immer wieder Apfelbilder sind so entstanden. Kein Ort scheint für die Präsentation dieser Kunstwerke besser geeignet als die »Sommergalerie« unter der Pergola im Obstgarten. Der Obstgarten selbst nimmt gut ein Drittel des Künstleranwesens ein. Neben verschiedenen alten Apfelsorten finden sich auch Quitten und Kirschen, von denen allerdings der letzte Orkan gerade fünf entwurzelt hat. Der Rasen dazwischen wird gemäht. Die drallen, kniehohen Betonschafe, die hier verteilt unter den Bäumen stehen, sind vom Künstlerkollegen Werner Kothe aus Annenwalde. Sie fressen zwar kein Gras, aber erinnern daran, wie einst auf solch großen Flächen der Rasen kurz gehalten wurde. Strauchgruppen lassen diesen Teil des Gartens nicht zu riesig erscheinen, verbergen zwei Sitzgruppen und gliedern optisch die eindrucksvolle, natürliche Hanglage des Anwesens. Es gibt kaum scharfe Abgrenzungen im Garten, alles scheint ineinander über zu gehen. Mit einer im Hang fast verborgenen Ausnahme.

Vom Wintergarten aus führt ein mit Natursteinplatten belegter schmaler Weg hinter dem Haus im großen Bogen über zahllose Stufen hinab zu einer mächtigen Eiche am Kölpinsee. Durch ein kleines Gittertor hindurch ist es hier nur noch ein Katzensprung bis ans Seeufer. Der Weg trennt den terrassenförmig angelegten Blumen- und Ziergarten mit seiner gemütlichen Sitzecke vom direkt hinter dem Haus gelegenen Teil des Gartens, in dem sich für die eigene Küche auch eine kleine aber feine Auswahl an Kräutern findet.
Auf die Frage, wer vor allem im Garten tätig sei, sehen sich beide vielsagend schmunzelnd an und Barbara Kuschnerus erklärt: »Ich bin ein Zehlendorfer Gartenkind und mein Mann ist in Kreuzberg groß geworden!« Ein Leben ohne Garten könnte sie sich gar nicht vorstellen. Er weiß das längst zu schätzen. Und gewiss nicht erst seitdem sie sich endgültig entschlossen haben, ihre Perle in der »Toskana des Nordens« nicht mehr nur an den Wochenenden, sondern als Dauerwohnsitz zu nutzen. Damals musste das Atelier angebaut werden und das Siedlerhaus erhielt seinen heutigen, ganz eigenen Charakter. Beim Verlassen des Hofes fallen die Misteln hoch oben in den Pappeln neben dem Eingang ganz besonders ins Auge.

Persönlich notiert

Barbara Kuschnerus: »Der Garten ist für uns der Inbegriff des Schönen, für Erholung und Entspannung. Wir sind dankbar dafür, in ihm und durch ihn da angekommen zu sein, wo andere Urlaub machen. Dabei ist mein oberstes Ziel, durch den Garten eine ganz bestimmte Atmosphäre um mich herum zu gestalten. Ich will etwas erreichen, was unseren Seelen gut tut. Dem habe ich mich in den zurückliegenden Jahren Schritt für Schritt genähert und nun das Gefühl, mein Ziel fast erreicht zu haben. Zu erfahren, wie das auf andere wirkt, ist dabei immer wieder spannend und anregend zugleich.«

Links: Werner Kothe aus Annenwalde schuf die Schafe, die nun auf der Wiese »grasen«.

Rechts: Schlafmohn gehört zur farblichen Komposition des Gartens.

Tagetes – auch als Studentenblume bekannt – in Eintracht mit farbigen Margeriten

◂ Horn-Veilchen im alten Krater

Reisetipps des Gärtners

Geöffneter Garten

17268 Groß Kölpin. Zugänglich ist der Mistelhof zu den Tagen der »Offenen Gärten« in der Uckermark. Auf Wunsch auch nach telefonischer Anmeldung unter 039886-3172, im Internet unter www.mistelhof.de

Sehenswertes in der Nähe?

Die nahezu vollständig erhaltene Templiner Stadtmauer auf dem Stadtmauerrundweg zu erlaufen, ist ein besonders eindrucksvoller Spaziergang.

Wo lässt es sich gut essen und trinken?

Die Atmosphäre im »Kutscherhaus« in Templin ist ein Erlebnis. Empfehlenswert sind auch das Essen und das gepflegte Ambiente im »Huberhof« in Seehausen.

Was tun bei Regen?

Wer mit dem Auto unterwegs ist, für den bietet sich ein Besuch im Naturerlebniszentrum Blumberger Mühle bei Kerkow oder, zur Entspannung, ein Besuch der Natur-Therme-Templin an.

Extra

Barbara Kuschnerus schwört auf Topinambur, eine Erdartischocke, deren Knollen nach dem ersten Frost zu ernten sind. Sie lassen sich hervorragend an Stelle von Kartoffeln oder als Gemüsebeilage verwenden. Einfach wie Kartoffeln nach dem Kochen in Salzwasser abpellen, in Butter schwenken und zusammen mit vielen Kräutern servieren. Es gibt zahlreiche weitere Verwendungsmöglichkeiten für diese gelb blühende, nahrhafte Nutzpflanze aus Mittelamerika.

Ein gartenkünstlerisches Kleinod

Zwischen Barock und Moderne: Karoline Jüttner und Joachim Schmidt in Suckow

Wer die Autobahnabfahrt Pfingstberg wählt und Richtung Gerswalde fährt, kommt durch Suckow. Für den Autofahrer eine Herausforderung, denn die Straße folgt mitten im Ort im akkuraten rechten Winkel dem Verlauf des Schlossgrabens. Eigentlich keine Gelegenheit, den Blick von der Fahrbahn schweifen zu lassen. Man muss schon anhalten, um zu sehen, was es mit diesem »unnatürlichen« Wasserlauf und der von ihm geformten, fast rechteckigen Insel dahinter auf sich hat.
Über die alte Brücke, vorbei an einem kleinen Kiosk, der mit Produkten des Gutes Suckow sowie mit Kaffee und Kuchen lockt, geht es auf die Insel. Wie ein Riegel liegt dort das denkmalgerecht sanierte und zum Landhotel umgebaute ehemalige Inspektorenhaus, seine beiden »Hausherren« sind Joachim Schmidt und Karoline Jüttner. Zwischen Inspektorenhaus und Marstall steht eine prächtige Kastanie, sozusagen mitten auf dem Schlosshof. Vom einstigen Schloss, einem repräsentativen Barockbau, wie Joachim Schmidt versichert, ist nichts mehr geblieben – fast nichts. Schon im nächsten Moment beschreiben nämlich beide mit ausladenden Gesten und sichtlicher Begeisterung, wie es hier einst aussah, so dass die Bauwerke vor dem geistigen Auge förmlich wiedererstehen. Auf einen östlich den »Hof« begrenzenden, lang gezogenen Hügel weisend, erklärt Joachim Schmidt: »Darunter sind die letzten Kellerreste des im ersten Drittel des 18. Jahrhunderts von Georg Abraham von Arnim errichteten Schlosses verborgen.« Parallel zum Inspektorenhaus stand die Orangerie. Sie schloss den Hof nach Süden ab. Beide Gebäude wurden 1945 ein Raub des von Plünderern gelegten Feuers. An Wiederaufbau dachte damals keiner. Selbst das später an Stelle des Schlosses errichtete hölzerne Dorfkulturhaus ist längst wieder verschwunden. Wechselvoller hätte die Geschichte kaum sein können.
Nach 1945 Maschinen- und Traktoren-Station (MTS), jenseits des Grabens auch Gärtnerei, in den 1950er-Jahren Kulturhaus und Kino, in wieder anderen Teilen lange Jahre Jugendwerkhof und nach der Wende dann Sitz diverser Firmen –

◂ Vom See aus ist das Inspektorenhaus auf Gut Suckow zu sehen.

Karoline Jüttner und Joachim Schmidt genießen die wenigen Ruhepausen.

Neu gepflanzt wurden die Weinreben. Im Hintergrund ist der Pergolabrunnen zu erkennen.

▸ Im Lindengarten – mit Winter- und Sommerlinde – können Gäste verweilen.

das hat auf der Insel nach und nach auch die letzten Spuren einstiger barocker Herrlichkeit fast bis zur Unkenntlichkeit verblassen lassen. »Auf dem Weg zu den Großeltern nach Haßleben bin ich hier schon als Kind oft vorbei gekommen«, erzählt die Gitarristin Karoline Jüttner. »Immer wenn wir am Suckower Schlossgraben vorüber waren«, erinnert sie sich lächelnd, »wusste ich, dass wir gleich am Ziel sein würden.« Damals sei der Graben für sie nur »der Teich mit der Entengrütze« gewesen. Nicht im Traum hätte sie gedacht, dass der Teich samt verwunschenem Schloss auf der Insel einmal ihr und ihrem Partner gehören könnte. Als sich die beiden im Winter 2005 dazu entschlossen, hatten sie ein Bewirtschaftungskonzept vor Augen und ahnten nur, welch immense Arbeit sie erwartet. Auch gab es immer wieder Überraschungen. Anfangs gehörte wirklich viel Phantasie dazu, um sich vorstellen zu können, dass hier einmal ein Kleinod, ein »Architekturgarten« entstehen könnte. Allein 800 alte LKW-Reifen mussten auf der Insel eingesammelt und dann entsorgt werden. Nach dem Entrümpeln waren umfangreiche Erdarbeiten erforderlich, um dem Gelände zum See wieder die ursprüngliche Form zu geben. Daneben wurde der Marstall saniert und mit zwei Sälen für Konzerte, Tagungen und private Feiern ausgestattet.

Eingebettet in den allmählich wieder sichtbar werdenden Park entstand ein japanisches Badehaus. Das Inspektorenhaus, das seine historische äußere Form zurückerhielt, wurde zum Landhotel. Im alten Obstgarten mussten 170 Obstbäume nachgepflanzt werden – Äpfel, Birnen, Quitten, Pflaumen, Kirschen und Walnüsse. Die Schlossgärtnerei wird noch reaktiviert. Im Restaurant sollen selbst angebaute Kräuter und Gemüse verarbeitet werden. »Auch gelbe Bohnen«, unterstreicht Karoline Jüttner, »denn Wachsbohnen oder Kläräpfel gibt es wie andere, schnell verderbliche, aber wohlschmeckende Gartenprodukte, kaum noch zu kaufen«.

Wer in den Jahren des Aufbaus die Gelegenheit nutzte, an den Führungen vor den Konzerten, an

Links: Ein Blickfang im Gutspark ist die wieder hergerichtete Pergola.

Rechts: An der nach Osten gewandten Schlossterrasse wächst eine Bauernhortensie.

den Tagen des offenen Denkmals oder der »Offenen Gärten« teilzunehmen, der konnte miterleben, wie das Areal und mit ihm der alte Park aus seinem Dornröschenschlaf geweckt wurde und mit neuen Ideen immer mehr an Kraft und Schönheit gewinnt.

Eine dieser Ideen ist das »Grüne Schloss«. Die Treppe hinauf, führt der Weg hinein. Statt senkrecht aufragenden Mauerwerks markieren auf dem Hügelplateau Hainbuchenhecken den früheren Verlauf der Außenmauern des Suckower Schlosses. Jasmin und Flieder in vier verschiedenen Farben stehen für die Zimmer, durch die es sich bequem wandeln lässt. Karoline Jüttner macht auf eine Besonderheit am südöstlichen Rand des Schlosshügels aufmerksam, wo eine Quitte steht. Dort ungefähr muss sich das geheimnisumwitterte, in den Gutsgeschichten immer wieder erwähnte »Himmelbettzimmer« des Schlosses befunden haben. Auf einer Tafel lässt sich nachlesen, was es damit auf sich hat. Es ist eine Geschichte, wie sie ähnlich für Schloss und Park Muskau auch vom Fürsten Pückler und dessen »Reisemitbringsel« Machbuba überliefert ist. Der Legende nach hätte sich nämlich Georg Abraham von Arnim 1686 aus dem Feldzug gegen die Türken eine türkische Prinzessin mitgebracht, die nach ihrem Tod an dieser Stelle begraben worden sein soll. Tatsache ist, dass an dieser ungewöhnlichen Stelle ein großer Findling aus dem Mauerwerk des wohl erst 1734 fertiggestellten Schlosses ragte, der Anlass für die Familienlegende bot. Im überlieferten Sagenschatz der Uckermark wird von einer orientalischen Schönheit zwar nichts berichtet, dafür aber von einem Suckower Kammerherrn, der sich auf die Zauberkunst verstanden haben soll. Sein Wissen, so wurde erzählt, soll er einer alten Bibel entnommen haben, die im Schloss aufbewahrt und mit Ketten verschlossen war. »Das war auch nötig«, schreibt Rudolf Schmidt noch 1922 in seiner Sagensammlung, »denn darin befinden sich alle sieben Bücher Mosis und darunter auch die zwei, die in den gewöhnlichen Bibeln fehlen, und in denen,

wie die Leute ja behaupten, das rechte Zauberzeug steht.« Die Schlossbibliothek befand sich über der Orangerie. Wenn diese sagenhafte Bibel nicht schon beim Brand des Gebäudes zu Zeiten Georg Abrahams ein Raub der Flammen geworden wäre, so hätte sie spätestens 1945 die Zerstörungen und Plünderungen nicht überstanden, die von der Suckower Bibliothek nichts übrig ließen. Auch das würde also an dieser Stelle passen, ist aber längst nicht so schön wie die Legende von der türkischen Prinzessin. Jedes Schloss braucht wohl seinen Hausgeist, und im Suckower Schloss war es eine geheimnisvolle Prinzessin.

Zu Füßen der wiederhergestellten ursprünglichen östlichen Schlossterrasse mit großzügiger Treppenanlage aus imposantem Feldsteinmauerwerk sprudelt unablässig eine beachtliche Fontäne aus einem Brunnen. Auch das ist eine der Besonderheiten des Suckower Parks. Für ländliche märkische Herrensitze waren Brunnenanlagen und Wasserkünste im Schloss und umgebenden Park, wie sie hier in Suckow in vergleichsweise großer Zahl zu finden sind, überhaupt nicht typisch. Das sei eine jener Überraschungen gewesen, auf die sie bei den Aufräumungsarbeiten gestoßen sind, erzählt Joachim Schmidt. »Unter dem Schutt fanden sich die alten Brunnenanlagen und selbst ihre Verrohrung ließ sich teilweise wieder nutzbar machen.« Die Fontänen und Brunnen werden nun wieder aus den Quellen des westlich an die Schlossinsel angrenzenden Hanges gespeist. In diesem Teil des Parks, der früher »der alte Tiergarten« genannt wurde und über eine Fußgängerbrücke zu erreichen ist, befindet sich auch das sehenswerte Arnimsche Erbbegräbnis mit dem Familienleitspruch »Soli deo gloria« (Gott allein die Ehre). Von dem im Hang angelegten Rückhaltebecken plätschert ein Wasserlauf in den westlichen Schlossgraben. Dank der günstigen hydraulischen Verhältnisse reicht der natürliche Gefälledruck völlig aus, um die auf der Schlossinsel verteilten vier Springbrunnen und drei Wasserspeier in dauerndem Betrieb zu halten.

Von der Schlossterrasse reicht der Blick über den

Links: Den Wasserspeier im Schlosshof ziert ein Löwe.

Rechts: Das »Grüne Schloss« mit Blick zum verbliebenen Inspektorenhaus.

Schlossgraben samt anschließender Straße bis weit in die Landschaft zur an ihrem Ufer hinter Bäumen verborgenen Großen Lanke des Oberuckersees und dem dahinter liegenden Eichelberg. Auf der Schlossinsel ist der Blick links und rechts von hohen alten Bäumen eingefasst, während das als natürliche Balustrade zum Graben hin in verschiedenen Sorten neu angepflanzte Lampenputzergras erst noch an Höhe gewinnen muss. Hier und an anderen Stellen des Parks sind Ideen von Wolfgang Oehme und seinen »Gärten in der Neuen Welt« in die Gestaltung eingeflossen.

Der alte Baumbestand mit herrlichen, etwa 300 Jahre alten Platanen verbirgt südlich des Schlosshügels das neu entstandene und geschickt in die Hanglage integrierte japanische Bad. Das Badehaus ist von einem kleinen japanischen Garten umgeben, aus dem die rot blühende Fette Henne besonders hervortritt. An Stelle einer strengen Hecke ist dieser Bereich von Chinaschilf eingefasst. Im Süden grenzt der lang gezogene Haussee unmittelbar an die Insel und erweitert den Park optisch in die Weite der Landschaft. Begrenzt vom Tiergarten und den Höhenzügen des Höllenbuschs ließe sich hier wohl am ehesten glauben, dass der preußische Gartenkünstler Peter Joseph Lenné später seine Hand im Spiel gehabt haben könnte, wie unbewiesen bis heute behauptet wird. Schon einige Meter weiter auf der »Missionswiese«, die ihren Namen von den einst gefeierten Missionsfesten hat, ändert sich dieser Eindruck grundlegend. Das streng Winkelige der wieder erstandenen Pergola samt des an ihr hinauf rankenden, aus alten Pflanzen gezogenen Weins und des akkurat nachgepflanzten und geschnittenen angrenzenden Lindengartens sprechen eine andere Sprache. Sie weisen den Suckower Park als letzte, in ihren wesentlichen Teilen erhaltene barocke Gartenanlage der Uckermark aus. Bei allen notwendigen heutigen Zusätzen ist hier der andernorts zu Beginn des 19. Jahrhunderts meist konsequent vollzogene Übergang zur offenen englischen Parkgestaltung nur in Teilen umgesetzt worden. Das macht ihn künstlerisch wie gartenarchitektonisch wertvoll und augenscheinlich bis heute auch besonders reizvoll.

Eine der über 200 Jahre alten Hainbuchen in der Umfassungsallee der Insel

Persönlich notiert

Karoline Jüttner und Joachim Schmidt: »Am Gärtnern schätzen wir das Draußensein, sich bewegen, körperlich arbeiten. Eine willkommene Abwechslung zu langjähriger Bürotätigkeit mit Besprechungen, Computerarbeit und vielen Reisen bei denen man im Grunde nie wirklich draußen ist. Besonders gefallen uns amerikanische Gärten (hier besonders Wolfgang Oehmes Gräsergärten) und japanische Gärten. Die Größe von Gut Suckow ermöglicht es uns, Elemente aus beiden zu probieren.«

Sonnenblumen setzen Akzente am Springbrunnen auf der Schlossfreiheit.

Reisetipps des Gärtners

Geöffneter Garten

Suckow Nr. 5, 17268 Flieth-Stegelitz,
Tel.: 039887-69284, www.gut-suckow.de

Besichtigungen zu den Öffnungszeiten des Gutskiosks sind von Mai bis September mittwochs bis sonntags und nach Vereinbarung möglich. Für Hotel- und Restaurantgäste auch außerhalb dieser Zeiten.

Sehenswertes in der Nähe?

Wir empfehlen eine Wanderung zum Pechberg und zum Höllenbusch über Voßberg und Flieth mit großartigem Ausblick über die Uckerniederung. Bei einer Radwanderung um den Oberuckersee ist der »Dreiseenblick« zwischen Potzlow und Fergitz besonders schön. Wer mit dem Auto unterwegs ist, sollte eine Besichtigung des historischen Stadtkerns von Angermünde nicht versäumen.

Wo lässt es sich gut essen und trinken?

Gut Suckow hat ab der Saison 2013 ein eigenes Restaurant, in dessen Küche bevorzugt regionale Produkte verarbeitet werden. In der Nähe lässt es sich aber auch im »Kastanienhof« in Flieth und im »Huberhof« in Seehausen sehr gut essen.

Was tun bei Regen?

Nicht nur bei Regen empfehlen wir unser japanisches Badehaus im Park am Haussee mit Sauna, Dampfbad und verschiedenen Behandlungsmöglichkeiten. Und in der Bibliothek können sich unsere Gäste bei widrigem Wetter in der kalten Jahreszeit an den alten Öfen wärmen.

Atelier, Galerie und Wohnstätte – Der Künstlergarten

Birgit und Christian Uhlig leben inmitten von Angermünde auf einer blühenden Insel.

Christian Uhlig ist Künstler, Baukeramiker und Plastiker. Der gebürtige Dresdner, der nach einer Fliesenlegerlehre an der Kunstschule in Heiligendamm studierte, in Stralsund tätig war und später lange Jahre an der Kunsthochschule in Berlin wirkte, ist seit 1976 Freiberufler und seit 1989 in der Uckermark. Auf den Spuren, die er mit seiner Kunst im öffentlichen Raum schon hinterlassen hat, ließe sich inzwischen trefflich durch die Lande ziehen. So steht in Templin vor dem Gymnasium ein Wasserspeier aus seinem Atelier, und erst jüngst hat die Stadt einen Brunnen mit von ihm entworfenen Figuren erhalten, der vor der Maria-Magdalenen-Kirche steht. Für Cottbus entstand 2006 »Der Cottbusser Postkutscher«, das Figurenensemble zusammen mit dem Marktbrunnen in Angermünde dagegen schon 1998.

Hier in Angermünde leben und arbeiten seine Frau Birgit und er heute in einer denkmalgeschützten Jugendstilvilla, die sich Maurermeister Siegfried Heimke 1908 gleich hinter der Stadtmauer, am Oberwall bauen ließ. Jedenfalls hat er sich auf der der Stadt abgewandten Fassadenseite entsprechend verewigen lassen. Seit 2003, so Birgit Uhlig, wohnen sie hier. Zuvor gab es jede Menge aufzuräumen und zu bauen, denn ihr Mann brauchte größere Atelierräume. Stück für Stück geht es auch jetzt noch weiter. Mit manchem Schutt aus dem Keller wurde im Garten improvisiert. Das merkt heute keiner mehr. Wie eine grüne Insel voller bunter Blüten, Sträucher und Bäume umschließen die knapp 800 Quadratmeter des Gartens die Villa in seiner Mitte. Schon nach wenigen Schritten auf der schmalen Hofzufahrt ist der Besucher von einem Garten umgeben, der vergessen lässt, dass man hier inmitten der Stadt, keine fünf Minuten Fußweg vom Marktplatz entfernt ist.

»Die Amseln bei uns im Garten sind beinahe handzahm«, erzählt Birgit Uhlig. Und wie zum Beweis machen nicht nur sie sich ganz in der Nähe der Sitzgruppe hinter dem Haus sogleich auf rege Futtersuche. Das kann allerdings auch an

◂ Kunst und Garten vereint: Skulpturen zwischen Phlox und Jasmintrompete

Birgit und Christian Uhlig neben der Klinkerskulptur am Eingang

Sommersymbiose: Löwenmäulchen, Pfennigkraut, Pfefferminze und Beinwell

den saftig-süßen schwarzen Früchten liegen, die just zu der Zeit geradezu überreif am nur wenige Schritte entfernt stehenden, prächtigen Maulbeerbaum in üppiger Menge hängen. Da fällt einiges zu Boden, was offensichtlich dankbar aufgelesen wird. Uhligs schwarze Katze lässt das alles kalt. Sie hält auf der Bank daneben ihren Mittagsschlaf. Den Maulbeerbaum haben sich Uhligs vor zehn Jahren aus Stegelitz bei Gerswalde mitgebracht. Dort haben sie eine Zeit lang gewohnt. Birgit Uhlig widmete sich der Zucht alter, vom Aussterben bedrohter Schafrassen. Jetzt betreibt sie im Haus eine Kochschule und bietet ganzheitliche Ernährungsberatung.

In Sonneberg geboren, ist sie auf dem Dorf groß geworden, bevor sie nach Weimar an die Hochschule für Architektur und Baustoffe und später nach Berlin ging. »Meine Eltern hatten einen Schrebergarten«, erinnert sie sich an ihre Kindheit. »Für das Möhrenbeet war ich zuständig.« Das sei für sie damals furchtbar gewesen. In Angermünde hat nun jeder auf seine Weise einen Anteil am Garten, seiner Gestaltung und Pflege. Gedanklich unterteilen ihn die Uhligs in den der Stadtmauer zugewandten »Hof« und den an die Straße grenzenden »Garten«. Der »Hof« wird von einem Keramikmodell der »Schaukelschiff«-Plastik dominiert, die Christian Uhlig 2001 für seine »Zeitreise« genannte Installation entworfen hat, die für die Stadt Wittenberge entstand. Vom ebenen Teil des Hofes mit der detailreichen Plastik ragen die jetzt terrassenförmig gestalteten

Die »Zeitreise« steht in Wittenberge, ihr Modell auf dem »Hof«, der von der Stadtmauer begrenzt wird.

Eine Passionsblume in voller Pracht

Reste der ehemaligen Wallanlage steil hinauf bis an die Stadtmauer. Ein imposanter Anblick. Dass die Stadtmauer die Front eines Gebäudes bildete, das wohl einst zum Wirtschaftshof des angrenzenden Franziskanerklosters gehörte, von dem heute nur noch die gewaltige, zweischiffige Backsteinkirche steht, nimmt ihr das Wuchtige. Backsteingefasste Fensternischen und eine kleine Mauerpforte lassen sie geradezu leicht wie den bewusst gesetzten Blickpunkt einer romantischen Parkanlage erscheinen. Aus Mauerritzen wachsende Sonnenblumen verstärken dieses Bild noch. Maxime ist für Uhligs, dass möglichst immer irgendwo etwas blüht, da dürfen sich Pflanzen gelegentlich ihren Platz auch schon mal selbst aussuchen. Wenn der Standort dann partout nicht passen will, kann immer noch umgesetzt werden. Die Terrassen am Mauerhang aber hat Birgit Uhlig vor allem den zahlreichen Kräutern vorbehalten, die für die eigene wie für die Küche ihrer Kochschule verwendet werden.

Ganz anders wirkt dagegen der lauschige »Garten«-Teil, der sich unmittelbar an Christian Uhligs Kelleratelier anschließt. Die Kombination aus Nutz-, Zier- und Künstlergarten, in dem es wegelos grünt und blüht, wirkt beruhigend und inspirierend zugleich. Hier haben neben einer Hortensie, einer Quitte und einer Kornellkirsche sowie Rotdorn, Flieder und die inzwischen stattliche, sechs Meter hohe Buche, die ihr Sohn einst zur Konfirmation gepflanzt hatte, auch alle anderen »Mitbringsel« aus Stegelitz ihren neuen Standort gefunden. Wer sich auf die Suche begibt, wird überall passend arrangierte kleine Skulpturen entdecken, von denen die als Keramikwürfel gestaltete Vogeltränke Gartenbewoh-

Inmitten von Himbeeren musiziert die »Flötenspielerin«.

ner wie den Hausrotschwanz und diverse weitere gefiederte Besucher offensichtlich ganz besonders erfreut. Mit der zierlichen »Flötistin« findet sich unter einem Strauch auch ein weiterer Teil von Christian Uhligs »Zeitreise«. Blickfang im »Garten« indes ist die im hinteren Teil platzierte Skulpturengruppe eines farbenfrohen, tanzenden Paares, die sich dennoch überraschend dezent in das Grün seiner Umgebung einfügt. So wirken sie auf den Betrachter wie ein sich selbst genügendes, glückliches Paar. Zudem ist zur Straße hin, hinter locker aufgeschichteten Keramikziegeln, die den Verlauf des einstigen »Oberwalls« nachempfinden, eine sanfte Erhöhung angelegt worden, die kulissenartig und zugleich wie ein zusätzlicher Lärmschutz wirkt. Faszinierend an diesem Garten ist, wie zahlreiche lauschige, fast intime Ecken gestaltet wurden, die den Part des »Nutzgartens« unmerklich in das Gesamtbild einbinden und wie eine Galerie im Grünen zum gemütlichen Verweilen und Betrachten einladen. Es seien über 20 Skulpturen und Kunstobjekte, meist Modelle, die – hin und wieder ausgetauscht und durch andere ersetzt – rings um die Villa am Oberwall platziert sind, verrät uns Christian Uhlig. Zählt man die Kunstobjekte bis hin zu den farbenfrohen Sitzkissen auf dem Gartengestühl hinzu, die in der Filzwerksatt von Birgit Uhlig im Hause entstehen, sind es noch viel mehr.

Persönlich notiert

Birgit und Christian Uhlig: »Wichtig ist uns, dass es im Garten so lange wie möglich übers Jahr verteilt farbenprächtig blüht und dass der Garten selbst in seiner Ruhephase, im Winter, noch schön und inspirierend wirkt.«

Kunstobjekte wie die »Zeitreise« oder der »Froschkönig« finden sich im gesamten Garten.

▸ »Große Koalition« heißt diese Skulptur, die zwischen Hof und Garten steht.

Reisetipps der Gärtner

Geöffneter Garten

Birgit Uhlig, Oberwall 37, 16278 Angermünde, Tel.: 03331-301370, www.birgit-uhlig.com

Der Garten und die Galerie im Haus sind von April bis September immer freitags 13 – 18 Uhr, sonnabends und sonntags 10 – 18 Uhr, möglichst nach vorheriger Anmeldung, zu besichtigen.

Sehenswertes in der Nähe?

Der historische Stadtkern von Angermünde ist sehenswert, ein Abstecher nach Stolpe zum »Grützpott« und in den Nationalpark nach Criewen auch per Rad empfehlenswert. Für Familien ist der Angermünder Tierpark ein lohnendes Ziel. Vielleicht lässt sich dort sogar Nasenbär Otto sehen, dessen Tierpaten die Uhligs sind. Etwas ganz Besonderes ist es, bei einer Orgelführung oder bei einem Konzert die historische Wagner-Orgel in der Angermünder Marienkirche zu erleben.

Wo lässt es sich gut essen und trinken?

In Angermünde gilt das »Wallenstein« am Markt als das beste Haus am Platze. Familie Uhlig empfiehlt den »Kaffeekonsum« in Wolletz, der in einem ausgebauten alten Dorfkonsum, am Radweg Berlin-Usedom gelegen, neben Kaffee und hausgemachten Kuchen ein kleines Imbissangebot bereit hält, darunter sogar Wildschweinbratwurst. Etwas weiter lässt es sich sehr gut im Gasthof »Am Speicher« in Parlow speisen.

Was tun bei Regen?

Ein Besuch im Ehm-Welk-Museum gibt interessante Einblicke in die wechselvolle Geschichte der Stadt Angermünde und zum Schöpfer des Romans »Die Heiden von Kummerow«.

Extra

Maulbeeren lassen sich vielfältig verarbeiten. Hier ein einfaches Rezept für eine Konfitüre, für die neben einem Kilo Maulbeeren nur ein Kilo Gelierzucker sowie der Saft und die abgeriebene Schale von ein bis zwei Limetten benötigt werden. Die Maulbeeren nach dem Waschen gründlich säubern und zerdrücken, mit dem Zucker verrühren und 24 Stunden zugedeckt stehen lassen. Anschließend den Limettensaft und ein wenig der abgeriebenen Schale hinzugeben. Das Ganze zum Kochen bringen und sprudelnd vier Minuten kochen lassen. Sodann in Gläser füllen und verschließen.

Vier-Seiten-Hof mit Garten

Bei Ilona Pahl in Kummerow wurde aus dem Bauerngarten eine Idylle hinter dem Haus.

◂ Farbenprächtige Dahlien vor einem stattlichen Ahornbaum

Letzte Nacht hat es wieder geregnet, doch heute strahlt die Sonne und lässt den gut 2500 Quadratmeter-Garten noch einmal in seiner spätsommerlichen Pracht zur Geltung kommen. Seine Besitzerin, Ilona Pahl, ist hier seit der Jahrtausendwende Gastwirtin. Der Gasthof ist schon 100 Jahre länger, genau seit dem 10. Dezember 1900 in Familienbesitz. Nach den Großeltern und Eltern übernahm sie die Wirtschaft. Dass sie auch gleich zur Ortsvorsteherin gewählt wurde, spricht für die quirlige und vor Ideen sprühende Frau. Viel los ist in dem kleinen, ein paar Kilometer nordwestlich von Schwedt gelegenen Kummerow nicht. Ein schmucker Radweg ist kürzlich übergeben worden, ein deutsch-polnisches Projekt. Daran, dass der Ort an einer Nebenstraße liegt und die im Grunde eine Sackgasse ist, hat das nichts geändert. »Ilona«, ist zu hören, »haste mal 'ne Minute?«. Sie entschuldigt sich und geht der aufgeregten Nachbarin entgegen. »Also weist du, das mit dem neuen Busfahrplan, das geht ja gar nicht ..., da musst du unbedingt was machen, wir kommen hier ja tagsüber gar nicht mehr weg!« Ilona Pahl nickt. »Ist mir auch schon aufgefallen. Ich werd' mich drum kümmern!« So ist das hier, man muss sich kümmern, von allein wird nichts. Gekümmert hat sie sich auch um enttäuschte Besucher in Kummerow und weist auf einen Bücherstapel im Eingangsbereich der Gastwirtschaft. »Die kommen hierher, weil sie Ehm Welks ›Die Heiden von Kummerow‹ gelesen haben.« Nicht in Massen, aber es sind doch immer noch einige, die nicht wissen, dass Ehm Welks Kummerow tatsächlich Biesenbrow heißt und bei Angermünde zu finden ist. Denen kann sie nun helfen. Sie hat sich selbst belesen und staunt, in wie vielen verschiedenen Ausgaben Welks Kummerow-Bücher inzwischen vorliegen. Einige, nebst passenden Souvenirs hat sie nun selbst im Gasthof. »Man tut was man kann«, sagt sie. So sei das auch mit

Ilona Pahl schwört auf frisches Gemüse.

Links: Ertragreich und schmackhaft ist die Sorte »Kaiser Wilhelm«.

Rechts: Neugierig drängt sich Ziege »Mona« an die Kamera. Im Hintergrund das alte Schwarzkopfschaf

▸ Sonnenblumen sind ein Farbtupfer in der Höhe und werden auch gerne zur herbstlichen Dekoration verwendet.

den »Offenen Gärten« gewesen. Als sie von der Aktion hörte, war sofort klar, dass sie mitmachen würde: »Man muss sich doch kümmern, dass was passiert!«

Der Weg in den Garten führt außen um den Vier-Seiten-Hof, am Feldrand entlang. Mais so weit das Auge sehen kann. Direkt an der Dorfstraße liegt der kleine Kräutergarten »für all' das, was man so braucht.« Ein markanter Lesesteinhaufen kündet von seiner vorherigen Nutzung. Hier war bis vor kurzem das Bergziegengehege. Die beiden Ziegen sollen an Michelangelo erinnern, sie heißen »Mona« und »Lisa«. Schmunzelnd erklärt Ilona Pahl: »Das merkt sich leichter!« Jetzt haben sie einen Pferch im Obstgarten, zusammen mit den beiden Schafen. Da sollen sie den Rasen kurz halten. So einfach ist das aber auch nicht: »Die knabbern alles an, da muss man schnell sein«.

Die wertvollen Obststämme, darunter Birnenbäume der Sorte »Paris« und »Kaiser-Wilhelm-Apfel«, sind deshalb vorsorglich mit Draht umwickelt. Neben den Schafen und Ziegen gehören noch zwei Border Collies, etliche Hühner und ein paar scheue Wachteln zum Hof und irgendwie auch zum Garten. Während die Hühner unter dem üppig gewachsenen Kriechwacholder Schutz vor der Mittagssonne suchen, haben die Wachteln ihr festes eigenes Domizil. Den Wacholder hat sich Ilona Pahl einst aus Leipzig mitgebracht, »da war er noch geradezu winzig«. In Leipzig hat sie damals Betriebswirtschaft studiert. Das befähigte sie später für den Posten des Hauptbuchhalters in der örtlichen LPG Tierproduktion. Das ist inzwischen eine halbe Ewigkeit her. Im elterlichen Garten gab es seinerzeit auch noch Bienen. Vater Ernst war Imker. »Als Mutter von einem Tag auf den anderen allergisch reagierte, wurden sie abgeschafft.« Vom abgerissenen Bienenhaus künden nun nur noch ein paar übrig gebliebene und zur Zierde aufgestellte Bienenkästen. Sonst erinnern an den alten Bauerngarten vor allem ein imposanter, baumhoher Haselstrauch und kräftig gewachsene Buchsbaumeinfassungen der ehemaligen Beete, dazu der Baumbestand mit allein drei

Links: Viele Meter hoch rankt der alte blühende Efeu.

Rechts: Das alte Ackergerät scheint ideal für neugierige Hühner.

Walnussbäumen und der haushoch rankende, gerade blühende Efeu.

Nach und nach hat Ilona Pahl ihre eigenen Akzente gesetzt. Aus dem reinen Nutzgarten ist ein Nutz- und Ziergarten geworden, in dem Sitzgruppen zum Verweilen einladen und verschiedene, originelle Arrangements ins Auge fallen. »Ich bin lange noch nicht fertig«, erklärt Ilona Pahl in Richtung Gartenzaun weisend, »da seh'n sie das ganze alte Ackergerät, irgendwann hab' ich mein eigenes Museum.« Sprach's und präsentiert nicht ohne Stolz ein altes Butterfass. Der Nutzen, auch zur Erholung, steht im Garten für sie im Vordergrund. So wächst bei ihr Hirse als Dekopflanze und immer ein paar Tabakpflanzen. »Damit man weiß' wie sie aussehen«, meint Ilona Pahl. Schließlich hätte der Tabakanbau in dieser Gegend eine große Tradition. Im Tabakmuseum Vierraden könne man sich auf sehr eindrucksvolle und anschauliche Weise davon überzeugen. Etwas ganz Besonderes sind die »Engelsbäume«, gute Schattenspender, die ihre Tochter beigesteuert hat. Nicht als Pflanze, sondern den Fruchtstand, eine Rispe. Dass aus den Samen etwas geworden ist, darüber staunt sie noch heute. Manches im Garten wächst buchstäblich von allein und in Massen an Stellen, wo vorher nichts davon zu sehen war. Für die Verbreitung sorgen die Tiere: »So viel Vergissmeinnicht wie in diesem Jahr hatte ich noch nie!« Die Dahlien sind wesentlich aufwändiger. Sie werden jedes Jahr ausgegraben und im Keller frostfrei überwintert. Zu »buddeln« gibt es aber auch ohne die Blumen genug.

In diesem Jahr hat sie sich vom Greiffenberger »VERN« e.V. einmal alte Kaiser-Wilhelm-Kartoffeln geholt, die in langen Reihen heranwachsen. Sie will sehen, ob sie mehr Ertrag bringen als die »Schwarze Ungarin«, die sie bisher bevorzugte. Mehlig kochend sind beide, da machen die Sorten keinen Unterschied. Geerntet wird für den Eigenbedarf und sie probiert gern etwas aus. Auch wenn sie sich sonst kaum die Zeit dafür

nimmt, heute hat sie am schönsten Platz des Gartens eingedeckt und präsentiert das, was im Laufe des Jahres aus den Gewächsen ihrer »Idylle hinterm Hof« an Schönem in der Küche entsteht. Um nur einiges davon zu nennen: Pfirsich-Holunder-Marmelade, Holundergelee, Löwenzahnhonig, Rhabarbersaft und Holunderblütensirup. Das Rezept für ihre Ringelblumensalbe hat Ilona Pahl im Internet gefunden. Sie schwört darauf und verschenkt auch gern ein wenig davon. Eine Kostprobe vom Holunderlikör ist ein besonderes Geschmackserlebnis, das nur noch vom hauseigenen Kräuterlikör übertroffen wird. Ob sie dafür ein Rezept hat? Ilona Pahl schüttelt lächelnd mit dem Kopf. Der schmecke jedes Jahr ein wenig anders, aber beschwert hätte sich noch keiner. »Thymian ist in diesem Jahr drin, Giersch, Estragon. Eigentlich ging's einmal quer durch den Kräutergarten, alles was ich gefunden habe, wurde genommen«, versucht sie zu erklären und meint, »am Ende macht's die Mischung.«

Auf dem Rückweg aus dem Garten zur Dorfstraße hin findet sich auch des Rätsels Lösung, warum im Hause Pahl so viel Holunder verarbeitet wird. Die weit ausladenden Holundersträucher tragen reiche Früchte.

»Und was den Ehm Welk angeht«, erklärt die Gastwirtin lächelnd zum Abschied, »den Ortsnamen für seine Heiden-Geschichten, den hat er ganz sicher von unserem Kummerow genommen.« Das mag zumindest ein triftiger Grund dafür sein, warum in der Bushaltestelle ein Bild vom »Heidendöpen«, dem Brauch des Bachspringens als Mutprobe, zu finden ist.

Persönlich notiert

Ilona Pahl: »Der Garten, der von mir aus Tradition erhalten und fortgeführt wird, verkörpert für mich ein Stück Heimat. Im direkten Kontakt mit Pflanzen und Tieren, mit Erde und Luft spüre ich die Verwurzelung mit dem Ort und der Umgebung wie sonst nirgends. Natürlich ist er auch

Links: »Harzfeuer« nennt sich diese schmackhafte Tomatensorte.

Rechts: Holunderbeerenernte mit der Gartenschere

praktisch, weil ich bei Bedarf jederzeit frische Zutaten für die Küche holen und verwenden kann, weil er mir frische Dekorationen fürs Haus, den Gasthof und für Veranstaltungen, ja auch für den Friedhof liefert. Der Erholungseffekt ist zudem nicht zu unterschätzen. Wenn ich dort Fasane, Igel, Schmetterlinge und Singvögel beobachten kann und von den Geräuschen der Natur umgeben bin, ist für mich Gelegenheit abzuschalten und den Kopf frei zu bekommen für neue Ideen.«

Reisetipps des Gärtners

Geöffneter Garten

Gasthof Ilona Pahl, Dorfstraße 13, OT Kummerow, 16303 Schwedt/Oder, Tel.: 033336-55002, E-Mail ilonapahlkummerow@googlemail.com

Außerhalb der Tage der »Offenen Gärten« ist ein Besuch auch nach vorheriger telefonischer Absprache möglich.

Sehenswertes in der Nähe?

Nach Absprache ist das uckermärkische Feuerwehrmuseum in Kunow (www.feuerwehrhistorik-kunow.de) zu besichtigen. Unbedingt sehenswert ist das Tabakmuseum in Vierraden. Etwas ganz Besonderes ist die Mikwe, das in der Stadt Schwedt erhaltene gebliebene jüdische Ritualbad.

Wo lässt es sich gut essen und trinken?

Wer es urig mag, ist bei Ilona Pahl richtig. Ihr Gasthof ist immer abends ab 18 Uhr geöffnet und nach Vereinbarung. Montag und Mittwoch sind Ruhetage.

Was tun bei Regen?

Ein Besuch einer der zahlreichen Veranstaltungen in den Uckermärkischen Bühnen Schwedt, dem am Ort des alten Schlosses der Markgrafen von Schwedt errichteten Theater, lohnt immer.

Extra

Rezept für Ringelblumensalbe: Vormittags zwei Hände voll frischer, blühender Ringelblumenblüten sammeln, zusammen mit 500 Gramm

Jedes Jahr wird das Schmuckkörbchen neu ausgesät.

◄ Hier wachsen Dill, Mohnblumen und Dahlien in stiller Eintracht.

Schweineschmalz erhitzen, aber nicht kochen, dann abkühlen lassen. Am nächsten Tag erneut erhitzen, anschließend durch ein Sieb geben und in Dosen oder Gläsern abfüllen. Ilona Pahl empfiehlt eine Variante unter Zugabe einer Hand voll frischer Zitronenmelisse. Ringelblumensalbe gilt als altes Hausrezept unter anderem zur Linderung bei Insektenstichen, Verbrennungen, Schnitt- und Schürfwunden, bei Ausschlag und bei Fußpilz, sogar gegen das Wundliegen soll sie helfen.

Rezept für eine Sauerampfersuppe:

500 Gramm junge Sauerampferblätter werden zerkleinert und in etwas Butter angeschwitzt, mit Mehl bestäubt und mit etwa 1 Liter Brühe abgelöscht. Alles zusammen aufkochen lassen, pürieren, mit Salz und Sahne oder Schmand abschmecken. Bei Unverträglichkeit lässt sich das Mehl auch durch geraspelte Kartoffeln ersetzen. Sauerampfersuppe ist sehr Vitamin-C-reich, soll das Blut reinigen und im Frühjahr bei der Entschlackung helfen.

Refugium zwischen Wasser und Wald

Der Landschaftsgarten von Bärbel und Joachim Neumuth ist ein Stück Lebensphilosophie.

Was sich in Gramzow auf dem Weg zum Bahnhof hinter dem längs der Straße stehenden, gepflegten Wohnhaus verbirgt, das sich etwas unterhalb der Straße in den Hang duckt, lässt sich von außen nicht ansatzweise ermessen. Wenn in den Jahren zuvor Anfang August an die hundert ballgroße Riesenschmuckdahlien in den schmalen Vorgarten-Beeten ihre goldfarbene Pracht entfalteten, blieb wohl der Eine oder Andere schon mal stehen. Die wenigsten aber ahnten, welch riesiges Gartenrefugium sich neben und viel mehr noch hinter dem Haus erstreckt. Erst seitdem sich Bärbel und Joachim Neumuth an den Tagen der »Offenen Gärten« in der Uckermark beteiligen, wird ihre inzwischen auf gut 15 000 Quadratmeter angewachsene grüne Oase bei Garten- und Parkfreunden zunehmend bekannter. Dass hier alles stets sauber und ordentlich aussieht, fordert seinen Preis. »Tag für Tag verbringen wir beide dafür gut 80 Prozent unserer Zeit im Garten«, versichern sie. »Mal länger weggefahren sind wir schon Jahre nicht mehr«. Erst in letzter Zeit gönnen sie sich öfter mal eine Pause, denn die Jüngsten seien sie ja nun auch nicht mehr. »Ein Garten muss mit Liebe gepflegt und gehegt werden«, sagt Bärbel Neumuth, die ihren Mann unterstützt, wo immer es nur geht, und ergänzt: »Täte ich das nicht gern, würde ich hier verzagen.« Für beide ist das keine Haltung, sondern eine Lebensphilosophie. Der Garten ist ihr Leben. Eine Vorstellung davon bekommt, wer sich mit ihnen auf einen Rundgang begibt.

»Die Gestaltung«, erklärt Joachim Neumuth, »ist mein Part, weil ich mir gut vorstellen kann, wie etwas später einmal aussehen soll.« Einen statischen Grundplan gibt es dabei nicht, abgesehen von den beiden Sichtachsen zum See und der in den Garten. »Mir widerstrebt das Künstliche, mir liegt mehr das Rustikale, eben das Naturbelassene«, sagt er, und so folgte auch die Anlage des Gartens in ihrer Entwicklung den Notwendigkeiten und Ansichten der Zeit. Das Grundstück am Seeufer kaufte der Großvater 1933 aus ehemaligem Klosterbesitz.

◄ Die kleine Teichlandschaft entstand aus dem erweiterten Entlastungsgraben.

Bärbel und Joachim Neumuth am Kantorsee

Links: Die Kuckucks-Lichtnelke blüht von Mai bis Juli.

Rechts: Der in China beheimatete Ginkgo ist heute weltweit zu finden.

An die Großeltern erinnert heute noch die am Hauseingang gepflanzte Hortensie, auch aus dem Jahre 1933. Großeltern wie Eltern waren Pragmatiker. Der Garten hatte zuerst für die Ernährung der Familie da zu sein, dem hatte sich alles unterzuordnen. Die Schönheit kam da ganz zum Schluss. »Großvater war Handwerker, Vater Landwirt«, erzählt Joachim Neumuth, »von ihnen habe ich die nötigen handwerklichen und gärtnerischen Grundlagen mit auf den Weg bekommen, den Rest mir dann über die Jahre angelesen und selbst ausprobiert.« Nach dem Ende des Zweiten Weltkriegs waren Bombentrichter zuzuschütten, und als 2002 ein Entlastungsgraben zur Panzerminenberäumung gezogen wurde, ließ er ihn gleich ein wenig verbreitern. So ergab sich die Idee, eine Wasserlandschaft entstehen zu lassen.

Dort ergießt sich jetzt ein kleiner Wasserfall in die Teiche im hinteren Gartenteil. Zahlreiche Bäume teilen den Garten wie Kulissen in verschiedene Erlebnisbereiche, was durch die stets fließenden Übergänge schon fast waldartig wirkt. Das sei, so Joachim Neumuth, ein wenig der Tatsache geschuldet, dass aus seinem Wunsch, einmal Förster zu werden, nichts geworden ist.

So wuchs der Wald im eigenen Garten. Jeder Baum ist hier von Hand gepflanzt und hat seine eigene Geschichte. Die zur Straße hin neben dem Gewächshaus stehende, auffällig große Chilenische Schmucktanne hätte die Winter in unseren Breitengraden in ihrer Jugend gar nicht überstanden. Sie muss in diesen Monaten stets mit Schilf eingehaust werden, um Kahlfrost wie Sonneneinstrahlung zu widerstehen. Neben ihr finden sich noch manch andere Exoten. Die blaue Zapfen ausbildende Koreatanne etwa oder die Sicheltanne, deren benadelte Zweige an einen Hahnenkamm erinnern. Joachim Neumuth zeigt uns eine Schirmtanne und einen schon recht stattlichen Mammutbaum. Ebenso eine gelbe Magnolie, eine Bluteiche, einen Tulpenbaum, eine Himalajazeder, eine Zapfenfichte und vieles mehr. Man geht auf den überwiegend mit Natur-

stein belegten Wegen wie durch einen dendrologischen Park. »Die größte Herausforderung«, meint er, »ist bei den empfindlichen Bäumen immer, sie heil über den Winter zu bekommen und sie dafür entsprechend zu schützen.« So lange sie noch nicht zu groß sind, finden sie Platz im beheizten Gewächshaus. Dort fühlen sich auch Neumuths Katzen sichtlich wohl, besonders »Moni«, die würdevolle schwarz-weiße Katze, die in der Rangfolge hier so etwas wie die »Vorstandsvorsitzende« gibt.

Dass der Garten auch ganz praktische Zwecke erfüllt, beweisen die Beerenobststräucher und die selbst veredelten Birn- und Apfelbäume. Alles für Küche und Kochtopf wie Kartoffeln, Gemüse und Erdbeeren sowie das, was im Anbau mehr Platz braucht und übers Jahr bei Familie Neumuth in größeren Mengen verwendet wird, wächst im hintersten Gartenteil heran. Dorthin gelangt man auf gewundenen Wegen, über eine zierliche Brücke, vorbei an kleinen, naturnah gestalteten Wasserläufen und Teichen, in denen schon mal Eidechsen, Ringelnattern und Frösche zu beobachten sind, die hier reiche Beute finden. Eine in den zum Feld hin ansteigenden Hang eingefügte Bank lädt zum Verweilen ein. Von hier aus lässt sich das Treiben am und im Wasser wunderbar beobachten. Das Wohnhaus ist von hier nicht mehr sichtbar. Wie im Märchen ist es hinter einer Wand hoch aufragender Bäume, einem regelrechten Wald, verborgen.

»Wir haben hier an die 30 verschiedene Brutvogelarten«, versichert Gärtner Joachim Neumuth glaubhaft bei dem vielstimmigen Chor, der im Hintergrund mal lauter und mal leiser erklingt. »Gelegentlich«, sagt er mit berechtigtem Stolz, »lassen sich sogar der scheue Pirol und auch der Eisvogel blicken«. Der Übergang in die Landschaft ist fließend. Irgendwo enden die mit Naturstein belegten Wege. Zu den angrenzenden Feldern lassen hier locker stehende Sträucher den Blick in die Landschaft frei.

Am Ende öffnet sich mit einem Mal eine üppig bewachsene Wiese, aus deren Grün sich nur

Links: Die Seerose ist ein Farbtupfer.

Rechts: Ein kleiner Steg führt über den Bachlauf des »Ottergrabens«.

Die Lorbeerrose bildet eine Pflanzengattung in der Familie der Heidekrautgewächse.

streng rechteckig der dunkelbraun-erdfarbene Umbruch des Gemüsegartens heraushebt. Es bedarf nur wenig Phantasie, sich auf dieser riesigen Lichtung Sensen schwingende Bauern und das Heu zusammenraffende Frauen vorzustellen. Huscht da nicht der gestiefelte Kater an ihnen vorbei in den Wald? Joachim Neumuth missdeutet überraschtes Erstaunen und entschuldigt sich: »Die 15 000 Quadratmeter sind ganz schön viel, hier hinten hab' ich die Mahd einfach noch nicht geschafft!« Langsam geht es denselben Weg nun wieder zurück zum Wohnhaus. Spätestens jetzt erschließt sich dem Besucher die Struktur des privaten Landschaftsgartens, den sich Bärbel und Joachim Neumuth über viele Jahre geschaffen haben. Aus der offenen Feld- und Wiesenflur kommend, geht es vorbei am einsamen Gemüsegarten eines »Waldbauern«, an gefälligen Wasserläufen entlang, die an Quellen und einen Waldbach erinnern, und hinein in lichte Baumbestände. Ihr Halbschatten bietet ideale Lichtverhältnisse für die mit viel Mühe angepflanzte und gehegte vielfarbige Pracht. Eigens angelegte, zweckmäßige Hochbeete gefüllt mit Waldboden, Torf und Kuhdung sind fruchtbarer Nährboden für Rhododendren und Azaleen.

Dann gilt es, sich zu entscheiden: Entweder geht es nach links in den »dendrologischen Garten«, geradeaus auf die Straße hin zum an dieser Grundstücksgrenze angeordneten schmalen Zier- und Blumengarten oder nach rechts auf den Steg, der auf den Kantorsee hinausreicht. Der bleibt bis zum Schluss; vorerst

Auf der Insel im Teich wächst ein Kuchenbaum.

wird auf dem Sitzplatz auf der offenen Terrasse der Neumuths gerastet und noch ein bisschen geplaudert – natürlich über den Garten. Vieles ist beeindruckend. Nicht zuletzt die sich geschmackvoll in das sanft strukturierte Gelände einfügenden Wege. Kein Stein gleicht hier dem andern. »Natursteine sind ein Hobby von mir«, erklärt Joachim Neumuth, der unzählige für den Garten und das Haus behauen und gespalten hat, um sie in die gewünschte Form zu bringen. Die Kunst der Steinschläger, die einst die uckermärkischen Pflasterstraßen schufen und ganze Findlinge für Wohnhäuser, Scheunen, Kirchen, für Burgen, Schlösser und Gutshäuser zu spalten wussten, ist ihm nicht fremd. »Sie wussten, dass man Steine zerkucken muss«, sagt er und erzählt, dass er die im Haus und Garten verarbeiteten Schieferplatten vor Jahren eigenhändig im Vogtland geschlagen hätte.

Zum Abschied geht es dann doch noch auf den Steg. Es ist ein herrlicher Blick. Über das spiegelglatte Wasser des Kantorsees hinüber zum alten Ortskern von Gramzow, aus dem sich – eingerahmt von den Bäumen am Seeufer – die gewaltigen, backsteinroten Reste der einstigen Prämonstratenser Klosterkirche erheben. Sie sind zugleich das sichtbare Zeichen dafür, dass Gramzow eine lange Geschichte vorzuweisen hat. Tatsächlich gilt der Ort mit seiner urkundlichen Ersterwähnung 1168 heute als der älteste Ort der Uckermark und wird von daher nicht ohne Stolz auch »das Herz der Uckermark« genannt. Bärbel und Joachim Neumuth haben ihm mit ihrer Hände Arbeit einen Glanzpunkt hinzugefügt.

Ein ideales Plätzchen am Teichrand hat die Gartenazalee gefunden.

Links: Kätzchen auf Entdeckungstour

Rechts: Joachim Neumuth hat die Steinpilzfamilie aus Sandstein gehauen.

Persönlich notiert

Joachim Neumuth: »Wir wissen, dass unsere Dahlienpracht bei Vorübergehenden immer ganz besonders viel Aufmerksamkeit erregt. Einen Tipp geben wir gern weiter: Je mehr sie geschnitten werden, desto mehr Blüten entwickeln sich! Natürlich gehört auch eine Menge Liebe dazu.«

Reisetipps des Gärtners

Geöffneter Garten

Bahnhofstraße 28, 17291 Gramzow, Tel.: 039861-859, Familie Neumuth beteiligt sich regelmäßig an den Tagen der »Offenen Gärten«. Sie empfehlen einen Besuch ihres Gartens besonders im zeitigen Frühjahr – wenn sich die Frühblüher zeigen, in der letzten Maiwoche zur Rhododendrenblüte. Dann blühen viele Rhododendren, Azaleen und Rosen. In der letzten Sommerhälfte entfalten Dahlien, Canna, Fuchsien und zahlreiche andere Sommerblüher ihre Pracht.

Sehenswertes in der Nähe?

Ein Besuch des Klein- und Privatbahnmuseums in Gramzow ist ein Erlebnis für die ganze Familie und lässt nicht nur die Herzen von Eisenbahnenthusiasten höher schlagen. Wer wandern möchte, dem empfehlen wir einen Abstecher zum Hünengrab bei Lützlow. Von dort bietet sich ein herrlicher Blick ins Randow-Tal – von Wartin im Norden über den Blumberger Wald bis nach Schwedt hinüber.

Wo lässt es sich gut essen und trinken?

Wir empfehlen gern das »Panorama-Hotel« zwischen Warnitz und dem Quast.

Was tun bei Regen?

Das im Angermünder Ortsteil Kerkow zu findende NABU-Besucherzentrum Blumberger Mühle des Biosphärenreservates Schorfheide-Chorin bietet viel Interessantes für Naturfreunde.

Stadt- und Seepark vereint

Dem LAGA-Park in Prenzlau mangelt es Dank moderner Technik nicht an Wasser

Ein Blick zurück in die Vergangenheit: An einem schönen Frühherbsttag im Jahr 2012 geht es mit Andreas Kenzler und Dirk Borsdorff durch den Prenzlauer Seepark. Im sanften Bogen führt der Weg von der Freilichtbühne am Weinberg vorbei über den Levetzowplatz zum Platz der Einheit, der jetzt »Schöne Aussicht« heißt.

Hier, auf der Brüstung sitzend, lässt sich gut erklären, was alles zu bedenken war, um in Prenzlau das Landesgartenschaugelände im Stadt- und Seepark entstehen zu lassen, während die Pflasterarbeiten noch im Gange sind, kistenweise Pflanzen zu den vorbereiteten Beeten geschleppt und ihr Inhalt mit Bedacht in den Boden gebracht wird. Im Herbst 2012 sind alle größeren Bau- und Erdarbeiten längst erledigt und vieles von dem, was aufwändig vorbereitet und installiert werden musste, schon nicht mehr sichtbar. Was jetzt noch passiert, ist der Feinschliff, dessen Ergebnis die Besucher des Geländes sicher immer wieder aufs Neue begeistern wird.

»Alles was vorher zu bedenken und zu planen war, sieht ohnehin jetzt niemand mehr«, versichert Dirk Borsdorff, unter dessen Regie die komplette Bewässerungsplanung und Projektierung lief. Noch sind in den Beeten der »Schönen Aussicht« die hier verlegten schwarzen Tropfschläuche sichtbar. »Schon bald werden die aber auch verschwunden sein«, ist Andreas Kenzler, der gärtnerische Beauftragte für die Entwicklung des Geländes, überzeugt, »überwuchert von Carex-Gras und Funkien.« Das ist durchaus so gewollt. Von den knapp 13 Hektar des gesamten Areals von dem jeweils etwa die Hälfte auf den Stadt- und den Seepark entfällt, müssen insgesamt sechs Hektar bewässert werden, um den Pflanzen ein dauerhaftes Wachstum zu sichern. »Dafür waren unterirdisch im Gelände nicht weniger als 4000 Meter PE-Rohre, die circa 500 Pop-up-Regner speisen und noch gut 6000 Meter Tropfschläuche zu verlegen«, erklärt der erfahrene Wasserbauer, der in der halben Welt unterwegs ist und unter anderem Projekte in Aserbaidschan und Marokko realisiert hat. Es ist verblüffend, wenn die zuvor unsichtbaren Regner sich aus den

◂ Ein grüner Ausblick auf die Themengärten

Das Interesse an Führungen war schon vor Beginn der LAGA groß.

Links: Dirk Borsdorff (links) und Andreas Kenzler sind gefragte Fachleute.

Rechts: Die Prachtkerze – auch Präriekerze genannt – wird zwischen 50 und 150 Zentimeter hoch.

Rasenflächen schieben und mit einem Schlag ihr Wasser großflächig dorthin versprühen, wo es nötig ist. »Das Herzstück ist die automatisch arbeitende Pumpenanlage, die Seewasser mit einem rückspülendem Filter reinigt und das Wasser wie den benötigten Druck auf Bedarf bereitstellt«, erklärt Dirk Borsdorff. »Eine eher einfache Computersteuerung ermöglicht den selbstständigen Betrieb.« Die Energieeffizienz des Systems wird über die Tropfbewässerung und moderne Rotationssprühdüsen durch langsame, allmähliche Wassergaben in der Art eines Landregens erreicht. So versickert weniger Wasser ungenutzt und die Bepflanzung wird geschont. »Natürlich lassen sich die Regner auch per Hand steuern«, versichert er, doch sollte das eigentlich eher die Ausnahme sein und nicht zur Regel werden. Besonders stolz ist er auf die in Prenzlau gefundene Lösung, die Bewässerung mit Wasser aus dem Unteruckersee zu betreiben. Das ist auch ökologisch sinnvoll und trägt zur Nachhaltigkeit bei. Warum selbst in Wassernähe ein solch vergleichsweise aufwändiges Bewässerungssystem installiert werden musste, hat schon heute, noch mehr aber in nächster Zukunft, seinen Sinn angesichts der sich verändernden Witterungs- und klimatischen Verhältnisse. Und Andreas Kenzler hat auch gleich ein Beispiel parat: »Im Optikpark in Rathenow, der bei der vorletzten LAGA entstand, wird die seinerzeit bei der Anlage eingesparte Bewässerung gerade aufwändig nachgerüstet.«

Das Prenzlauer LAGA-Gelände ist für die beiden Diplom-Ingenieure das erste gemeinsame Projekt. Dank der genauen hydraulischen Planung sind jetzt auch vormals weniger ansehnliche Stellen, die gerade die Hanglagen im Seepark aufwiesen, dauerhaft begrünt und gereichen der Stadt zur Zierde. Wenn Andreas Kenzler die Um- und Neugestaltung der Anlage im Zuge der LAGA 2013 beschreibt, gerät er leicht ins Schwärmen. Das konnten schon die Besucher spüren, die er noch vor Eröffnung der LAGA zu den Tagen der »Offenen Gärten« in der Uckermark über das seinerzeit noch im Umbruch befindliche Gelände

führte. Anders als in den vorangegangenen Gartenschauen waren in Prenzlau keine Brache oder vormals unbebaute Flächen, sondern zwei bereits vorhandene innerstädtische Parkanlagen zu verbinden und neu zu gestalten. Unter dem Motto »Die grüne Wonne« umschließt das Gelände jetzt die Innenstadt, bezieht nicht nur ganz bewusst die historischen Bauwerke als gärtnerische Kulisse mit ein, sondern vereint sie nun – farbenfroh wie ein Hochzeitsband – in einer »Hochzeit von Stadt und See« ebenso bewusst mit den Reizen der Uckerseenlandschaft. Besonders der Seepark reizte die Planer. Die Einzigartigkeit der eiszeitlich geprägten Landschaft, die in ihrem Reichtum an Feldern, Hügeln, Wäldern, Seen und deren Wechsel untereinander besteht, findet hier seinen gestalterischen Ausdruck. Während rechteckig gestaltete Flächen die Felder symbolisieren, stehen die runden, 120 bis 180 Quadratmeter großen und von Hecken umgebenen Themengärten sinnbildlich für die aus der Vogelschau besonders auffälligen »Augen« der Uckermark, die zahlreichen Seen und Sölle. Auch die Bewegtheit der hügeligen Landschaft kommt im zum Unteruckersee hin abfallenden Seepark besonders gut zur Geltung.

Stellvertretend für die Schönheit der Wälder steht der Stadtpark, der aus den ehemaligen Wallanlagen hervorgegangen ist und neben altem Baumbestand eine Reihe von Denkmälern enthält, die es einzubeziehen und behutsam aufzuwerten galt. So lädt der Stadtpark jetzt mehr noch als zuvor zum ruhigen Spazieren auf ausgedehnten Wegen ein. Das und die Nähe zum historischen jüdischen Friedhof legten nahe, die bisher auf jeder Landesgartenschau gezeigten Mustergrabanlagen ebenfalls in diesem Teil unterzubringen. Hier findet sich auch der alte Rosengarten der Stadt. Er hat durch seine Überarbeitung erheblich gewonnen und wurde zum sinnlichen Erlebnis für jeden aufgewertet, der sich die Zeit nimmt, auf seinen Wegen zu wandeln. Andreas Kenzler denkt dennoch, dass sich die Besucherströme zur Landesgartenschau und später auch eher im Seepark-

Links: Der Zierapfel bildet eine farblich ansprechende Begrenzung zum Kleingarten-Bereich.

Rechts: Vom Weinberg haben Besucher eine schöne Aussicht über große Teile des Seeparks.

Ein Erlebnis für die Sinne ist der »Rosenrausch«.

Bereich konzentrieren werden. »Das hängt einfach mit der offeneren Gestaltung zusammen, die neben zahlreichen Erlebnisräumen vor allem sehr eindrucksvolle Blickbeziehungen zum See und in die weite Landschaft geschaffen hat.«
Kern- und Glanzstück ist der zu einer breiten Allee aufgeweitete, schnurgerade vom neu entstandenen Levetzowplatz hinab zum See führende einstige Levetzowweg. Ein anschließender Steg mit abschließendem Sonnendeck verlängert ihn bis in den See hinein. Das i-Tüpfelchen jedoch bildet die noch dahinter befindliche, bis zu 30 Meter hohe Seefontäne. Dieser Weg, von dem es um 1867 hieß, dass er ein nur drei Fuß breiter Spazierweg sei, hatte schon die unterschiedlichsten Namen. Der älteste ist wohl »Alte Allee«, später folgten »Wasserweg«, »Weg nach der Bleiche« und »Ulmenweg«, ehe er nach 1880 dauerhaft zum »Levetzowweg« wurde.
Rechts des Wegs sind die zwölf Themengärten in die Hanglage integriert und von geschwungenen Wegen erschlossen. Die Zahl 12 wurde ganz bewusst gewählt, gilt sie doch als Sinnbild der Vollkommenheit, die sich in den jeweils zwölf Monaten, Mondzyklen und Sternzeichen wiederfindet. Die Themengärten des Seeparks sind auf das Entdecken und Staunen hin angelegt. So ermöglicht der Themengarten »Wasser« einen ganz unkonventionellen Blick auf das Leben unterhalb der Wasseroberfläche des Unterueckersees. Statt in die Tiefe steigen hier die Fische in wassergefüllten Glassäulen in die Höhe, so dass

Wellenförmige Bepflanzung entlang der Stadtmauerböschung

der Betrachter ihnen trockenen Fußes auf Augenhöhe begegnen kann. Eine Attraktion übrigens, die auch nach dem Ende der LAGA noch Bestand haben soll.

Das Pendant zum Rosengarten im Stadtpark findet sich im Seepark in Form einer kreisrunden Pergola, dem »Rosenrausch«, dessen geschwungene Hochbeete aus der Vogelperspektive das Abbild einer riesigen Rosenblüte ergeben. Dieses originelle, schon aus dem alten Seepark übernommene Gestaltungselement hat gärtnerisch heute seine Tücken. Die Bepflanzung der Beete mit passenden Blütenpflanzen ist nicht gerade leicht, weil die Pergola ebenso wie die unmittelbar dahinter inzwischen hochgewachsenen Bäume das Rund erheblich verschattet.

Während der LAGA sind 196 der 215 Beete des »Wonnebandes«, das sich wellenförmig durchs Gelände zieht, mit dauerhaften, auch blühenden Stauden, Sträuchern und niedrigen Gehölzen bepflanzt. Der verbleibende Wechselflor umfasst allein schon eine Fläche von insgesamt 4000 Quadratmetern. Diese Flächen – und darauf ist Andreas Kenzler besonders stolz – werden bei ihrer Bepflanzung während der LAGA nicht durch den Austausch streng abgegrenzter, kompletter Teile, sondern durch einen fließenden Übergang im Wechselfarbbereich und dessen laufende Erneuerung gekennzeichnet sein. Es erfolgt sozusagen eine wellenförmig, immerfort aufeinanderfolgende Nachpflanzung, so dass alles in Bewegung bleibt und der ständige Wechsel im Blütenband

Links: Die Esskastanie ist ein sommergrüner Baum mit stärkereichen Nussfrüchten.

Rechts: Sonnenscheinhut oder Igelkopf wird der Sonnenhut auch genannt.

zu stets neuen Eindrücken führt. Unterhalb des in idealer Südhanglage entstandenen, beeindruckenden und begehbaren Weinberges vor der Stadtmauer am Uckerwiek sind die bepflanzten Beete so geformt, dass sie wie gegen den Berg anrollende Wogen wirken. Welcher Aufwand dahinter steckt, mögen einige Zahlen verdeutlichen. So sind im Herbst 2012 nicht weniger als 530 000 Blumenzwiebeln gesteckt worden. Neben 72 Bäumen, 6000 Gehölzen, 85 000 Stauden, Gräsern und Farnen gibt es über das gesamte Gelände verteilt 2100 Heckenpflanzen, gut 5500 Rosen, allein 40 000 bodendeckende Gehölze, aber auch 350 Kletter- und 6500 Wasserpflanzen und trotzdem noch 45 000 Quadratmeter Rasenflächen, die selbst nach Abschluss der LAGA am 6. Oktober 2013 ihre Pforten, eine ständige gärtnerische Herausforderung bleiben werden.

Persönlich notiert

Andreas Kenzler und Dirk Borsdorff: »Projekte wie die Entwicklung eines Landesgartenschaugeländes sind stets eine besondere Herausforderung, bei der es tausend Dinge zu bedenken gilt. Wir freuen uns, wenn wir die Besucher mit unseren Ideen und Vorstellungen von moderner Garten- und Parkgestaltung überzeugen, sie vom sichtbaren Ergebnis begeistern können und das Geschaffene darüber hinaus von nachhaltiger Wirkung für Prenzlau und die Uckermark bestehen bleibt.«

Reisetipps

Geöffneter Garten

Die Landesgartenschau (LAGA) findet 2013 in Prenzlau vom 13. April bis zum 6. Oktober 2013 statt.

Sehenswertes in der Nähe?
»Naturerlebnis Uckermark«, das Familienfreizeitgelände am Prenzlauer Scharfrichtersee mit seinen Kinder- und Familienangeboten ist nicht nur Partner der LAGA, sondern auch sonst unbedingt besuchenswert. Etwas Ungewöhnliches für hiesige Gefilde ist sicher ein Besuch in der Elch- und Rentierfarm in Kleptow.
Wo lässt es sich gut essen und trinken?
Das »Labsal am Wasserturm« im Stadtpark und das »Labsaal am Kurgarten« im Seepark werden während der LAGA gewiss für ausreichende und gute Beköstigung der Besucher auf dem Gartenschaugelände sorgen.
Was tun bei Regen?
Während der Gartenschau ist die Blumenhalle auf dem LAGA-Gelände mit ihren wechselnden Ausstellungen eine Garantie für »trockenen« Genuss.

Extra
Kandierte Blüten entstehen unter den Händen von Anja Merkel und Jan Leymann in der Obstgarten Uckermark GbR in Potzlow. Das Kristallisieren der morgens gepflückten Blüten erfolgt in einem eigens entwickelten Verfahren, bei dem sie in aufwändiger Handarbeit innerhalb von 24 Stunden zart mit Zucker umhüllt werden. Da die Blüten und ebenso konservierte Kräuter ihre natürliche Form und Farbe behalten, ist das Ergebnis optisch wie lukullisch ein besonderer Höhepunkt bei Tisch. Während die Blüten wie Konfekt gegessen oder zur Krönung eines besonderen Desserts verwendet werden können, ist der Blüten- oder Kräuterzucker als aromatischer Zusatz für Cremespeisen, Obstsalate und Getränke geeignet. (www.obstgarten-uckermark.de)

Links: Edle Rosen sind ein betörender Anblick.

Rechts: Leuchtende Hagebutten hängen an der Strauchrose.

Barock neu inszeniert

Ein moderner Klostergarten auf dem einstigen Wirtschaftshof der Prenzlauer Dominikaner

Es war zweifellos ein glücklicher Einfall, den einst wilden und unansehnlichen Parkplatz zwischen Steinstraße und Dominikanerkloster neu zu gestalten. Dass, ältere Ideen aufgreifend, die Entscheidung der Stadt 2009 zu Gunsten der Anlage eines Klostergartens nach historischem Vorbild fiel, erweist sich bis heute als ein gleich mehrfacher Gewinn für Prenzlau. Gewonnen hat der Eingangsbereich zum Dominikanerkloster, dem mit Museum, Bibliothek, Stadtarchiv, Kleinkunstsaal, Galerien, Klostercafé und diversen weiteren Angeboten bedeutendstem kulturellen Zentrum der uckermärkischen Kreisstadt. Wer sich nach zweijähriger Umsetzungsphase des Projekts heute zu Fuß von der Steinstraße zum Kloster begibt, der lässt nicht nur schon nach wenigen Schritten die Hektik des städtischen Alltags hinter sich, sondern wird sogleich von der kontemplativen Ruhe des Gartens erfasst.

Um die in seinem Zentrum platzierte farbige und abendlich auch angestrahlte, lebensgroße wie lebensechte Harlekinfigur des Prenzlauer Künstlers Claus Lindner sind vier Bänke gruppiert, die zum Verweilen, zum Entspannen und zum genaueren Betrachten einladen. Hinter den Bänken erstrecken sich die vier von kreuzförmigen Wegen erschlossenen Pflanzfelder des Klostergartens. Was hier umgestaltet wurde, sind knapp 0,4 Hektar städtischer Brache, eine vergleichsweise kleine Fläche. Was daraus entstand, ist allerdings ein Mehrfaches davon, ist eine kleine innerstädtische Parklandschaft mit einem ganz spezifischen Flair.

Dr. Stephan Diller, dem Leiter des Dominikanerklosters, ist der Stolz auf dieses Kleinod anzumerken und er hat das Konzept weitergeführt. »Unser kürzlich hier eröffnetes kleines Café«, gibt er sich überzeugt »ist schon von seiner Lage her so einmalig, dass sich in Prenzlau schwerlich etwas Vergleichbares finden lässt.« Der Garten kann so im doppelten Sinne genossen werden. Durchaus denkbar, dass die Dominikaner, als sie 1275 unmittelbar hinter der Stadtmauer ihr Kloster errichteten, auch ihren Klostergarten bereits an dieser Stelle, auf ihrem einstigen Wirtschaftshof, anlegten. Aus den überlieferten Annalen des

In den Pflanzflächen des Klostergartens finden sich auch diese gelbroten Taglilien.

Dr. Stephan Diller mit dem Harlekin

So präsentiert sich der Klostergarten zwischen seinen vier hölzernen Toren dem Besucher.

Klosters ist indes nur zweimal überhaupt etwas über einen Garten zu erfahren. Am ehesten ließe da wohl eine in der Klosterkirche erhaltene Inschrift auf den Klostergarten schließen. In ihr ist festgehalten, dass Hedwig, die Frau des Klostergründers Markgraf Johann I., dem Kloster einst einen Garten geschenkt haben soll. Ziemlich unwahrscheinlich dagegen dürfte sein, dass es sich bei der zweiten Überlieferung um den historischen Klostergarten gehandelt hat. Zwar geht es in diesem, aus dem Jahre 1504 mitgeteilten Streit, der zugunsten der Dominikaner entschieden wurde, tatsächlich um einen Garten, doch befand sich der den Urkunden nach »up dem Kodamme«. Der »Kuhdamm« aber ist die heutige Neubrandenburger Straße und die liegt vom Kloster aus gesehen buchstäblich am anderen Ende Prenzlaus. Die großen Gärtner vor dem Herrn sollen die Dominikaner ohnehin nie gewesen sein. Immerhin wissen wir heute aus den Aufzeichnungen anderer Orden, wie Klostergärten angelegt wurden. Üblich waren seinerzeit geometrische, meist rechteckige Hochbeete, wie sie schon im 9. Jahrhundert von Walafrid Strabo, dem Benediktiner und Abt des Klosters St. Gallen beschrieben wurden. Die gerade in den Klöstern überlieferten Kenntnisse der antiken Medizin erforderten zu ihrer Anwendung eine ganze Reihe von Heilpflanzen, die oft nur in ausreichender Menge zu haben waren, wenn sie in den Gärten der Orden innerhalb der Klostermauern kultiviert wurden. Wer sich heute im Innern des Dominikanerklosters genauer umsieht, wird zahlreiche Hinweise auf die »Pflanzenkundigkeit« der Prenzlauer Bettelordenbrüder erkennen. Die verbliebenen Reste der mittelalterlichen Malerei wie auch der in Backstein gebrannte Zierrat, etwa in Form der Konsol- und Schlusssteine der Spitzgewölbe, sprechen Bände. Besonders beliebt waren dabei augenscheinlich Weinblätter und Reben. Es ist be-

Walderdbeeren, eingerahmt von Johannisbeeren und den großen Blättern des Meerrettichs

kannt, dass sogar die Mönche der viel weiter nördlich, bei Greifswald gelegenen Zisterzienserabtei Eldena Weinbau betrieben. Allerdings soll der sehr sauer und eigentlich nur als Essig verwendbar gewesen sein. Wäre das Prenzlauer Kloster nicht schon 1543 aufgelöst worden, schließlich an die Stadt gefallen und heute von eifrig Wein anbauenden Dominikanern bewohnt, hätten sie es sehr komfortabel. Durch die Mauerpforte hinter dem Waschhaus gelangt man nämlich mit wenigen Schritten auf den an der Südseite der Stadtmauer zum Uckersee hin neu angelegten Weinberg, der seit 2012 saftige Trauben trägt. Auch von daher passt der heutige Standort des Klostergartens. Die Tatsache, dass es keinerlei historische Zeugnisse der ursprünglichen Gartenanlage gab, aber am ausgewählten Standort bereits älterer Baumbestand vorhanden war, den es zu erhalten und aufzuwerten galt, waren für die Planer eine ganz besondere Herausforderung. Sie haben sie gestalterisch, das heißt künstlerisch wie botanisch, auf eine Weise gelöst, die den interessierten Besucher viel zu erzählen hat.

In Prenzlau ist kein Klostergarten der Dominikaner entstanden, sondern die Planer um den Landschaftsarchitekten Andreas Kotlan haben sich in den äußeren Formen eher an der strengen Winkligkeit barocker Gärten und bei der Bepflanzung am Ideal eines Klostergartens nach Hildegard von Bingen orientiert. So konnte auf relativ engem Raum eine ausgesprochene Pflanzenfülle optisch ansprechend und mit überschaubarem Pflegeaufwand platziert werden. Die vorhandene Geländestruktur lässt den Garten, dessen Eingänge von vier hölzernen roten Portalen markiert werden, vom Kloster aus fast wie ein massiges Hochbeet erscheinen. Dafür sorgt von dieser Seite aus die hohe graue Betoneinfassung, die in der Art einer Terrassenmauer erst die völlig ebene Anlage des dahinter liegenden Gartens ermöglichte.

Links: Die Glockenblume ist ein attraktiver Farbtupfer.

Rechts: Einem Kleinen Fuchs gefällt der Küchensalbei.

Der Garten selbst ist klar gegliedert. Ein großes rechtwinkliges Wegekreuz teilt die nahezu quadratische Grundfläche des Gartens in vier fast gleich große Parzellen, die ihrerseits durch dezent eingefügte Wegekreuze wiederum in je vier Beete untergliedert sind. In jedem dieser vier Felder wachsen Beerenobst und Gemüse, Heilkräuter und Schnittblumen heran. Da finden sich Walderdbeeren neben Knoblauch, Salbei neben Ringelblumen und Glockenblumen neben Astern. Der ursprüngliche Pflanzplan aus dem Juni 2010 schlägt nicht weniger als 30 verschiedene Arten vor, die damals in den Boden gebracht wurden. Aus ihnen wuchs ein ganzer Farben- und Duftteppich – ein sinnliches Erlebnis.

»Neben geplanten erklärenden Tafeln«, versichert Dr. Stephan Diller, »wird dieses Erlebnis auch mit speziellen Führungen vertieft.« Im Rahmen einer Klostergarten-Patenschaft für Senioren und Schulklassen, die sich mit um die Pflege bemühen, wird der Umgang mit den Heilpflanzen, die Verwendung der Kräuter wie des Obstes und Gemüses erlernt und weiter vermittelt. Optisch erweitert wird das künstlerisch gestaltete Areal durch die unmittelbar hinter dem Kirchenchor gelegene, nahtlos angrenzende kleine Streuobstwiese. Birnen-, Äpfel-, Pflaumen- und Kirschbäume lassen hier den Eindruck eines Obstgartens entstehen, der sich dem Betrachter beim Spaziergang auf dem Natursteinpflasterweg um die Kirche als ein in sich geschlossener Park präsentiert, der zur Heinrich-Heine-Straße hin in großzügigen Rasenflächen ausläuft.

Persönlich notiert

Dr. Stephan Diller: »Ich bin sehr froh über den neu angelegten Klostergarten. Mehr Aufmerksamkeit hat allerdings auch die zum Garten hin

Die Äpfel strahlen mit der Sonne um die Wette. Im Hintergrund das historische Gebäude

Eine bunte Vielfalt hält der Klostergarten bereit: Weißblühende Kissenaster, Bauernhortensie, gelbrote Taglilie und Mädchenauge im Schleier-Gipskraut

ausgerichtete Fensterfront des sanierten, ehemaligen Waschhauses verdient. Das auf ihr aufgebrachte, großformatige und farbenfrohe Fusing-Glas-Bild des Annenwalder Glaskünstlers Werner Kothe greift mit seinem Jahreszeiten-Motiv das Garten-Thema auf und zieht es sozusagen bis ins Gebäude hinein.«

Reisetipps des Museumsleiters

Geöffneter Garten

Dominikanerkloster Prenzlau, Uckerwiek 813, 17291 Prenzlau, Telefon: 03984-751141, www.dominikanerkloster-prenzlau.de, E-Mail: info@dominikanerkloster-prenzlau.de. Museums-Öffnungszeiten: Dienstag bis Sonntag 10 – 17 Uhr. Der Garten am Dominikanerkloster ist ganzjährig frei zugänglich. Schautafeln informieren über wissenswerte Besonderheiten. In der Dauerausstellung des Kulturhistorischen Museums finden sich weitere Informationen. Führungen sind auf Anfrage möglich.

Sehenswertes in der Nähe?

»Ich empfehle den Grumsin, einen alten Buchenwald in der Nähe der Blumberger Mühle bei Angermünde. Dieser Buchenwald gehört zum UNESCO-Weltnaturerbe. Sehens- und mit einer

Ein sonniger Platz für Blumen, Kräuter, Gemüse und Obst

Führung ganz besonders erlebenswert ist das technische Museum Klostermühle Boitzenburg.«

Wo lässt es sich gut essen und trinken?

»Ich empfehle natürlich unser Klostercafé im Dominikanerkloster. Gut essen lässt es sich in Prenzlau im Restaurant ›Am Kap‹.«

Was tun bei Regen?

»Vor oder nach dem Besuch im Klostercafé sollte ein Rundgang durch die Dauerausstellung unseres Museums nicht versäumt werden.«

Extra

Aus einem vor 450 Jahren von Dominikanern in Leipzig verfasstem Kochbuch soll dieses, »eine Weinsuppe zu machen« überschriebene Rezept stammen:

»Verlangt dirs nach einer Weinsuppe ohne Eier, es sei in der Fasten oder sonsten an einem Feiertage so nimm einen Topf, ein halbes oder ganzes Quart Wein, schneide darein Brosamen von einer Semmel, und setze es zum Feuer, lege Honig oder Zucker drein und laß es wohl sieden, dann schlags durch ein Sieb und thue sie wieder in den Topf, würze es ab mit allerlei Würze, nur nit mit Nelken, schütte kleine Rosincken darein, schneide auch gebähete Semmel länglich wie die Möhren auf böhmische Art hinein.«

Ein Geschichtsausflug im Garten

Zwischen »Königstuhl« und »Triglavhain« zeigt sich im Hotelgarten von Hans-Dieter Thiemke ein Stück Prenzlauer Gründungslegende.

Wenn Hans-Dieter Thiemke seinen Garten präsentiert, dann ist ihm der Stolz auf das Geschaffene und die Freude daran anzumerken. Der Hotelier ist zwar ein unruhiger und umtriebiger Zeitgenosse, doch wem es gelingt, ihn zu einer Führung über das knapp 3000-Quadratmeter-Areal seines Gartens zu überreden, der wird viele spannende Geschichten erfahren. Nichts scheint er in dem knapp 50 Meter breiten, in Südrichtung hinter dem Drei-Sterne-Hotel »Wendenkönig« angelegten Garten dem Zufall überlassen zu haben. Eigentlich ist es ein kleiner Park, der zwar frei zugänglich, aber vorzugsweise seinen Haus- und Restaurantgästen vorbehalten bleiben soll. Die wissen die Terrasse an der dicht mit Wein bewachsenen Rückseite des Hauses mit schönem Blick über den Teich, das Rosenhochbeet und den »Triglav-Hain« bis hin zur jenseitigen Grundstücksgrenze besonders zu schätzen. »Der Teich«, erzählt Hans-Dieter Thiemke, »war sozusagen der Anfang.« Das »Loch« entstand durch den Aushub, der nötig war, um den feuchten Boden zur Straßenseite hin ein wenig zu verdichten. Jetzt gilt die entstandene und ansprechend gestaltete Wasserfläche zwar als Löschteich, aber ausreichend waren die hier gewonnenen Erdmassen nicht.

Seine Standfestigkeit verdankt der Baukörper des »Wendenkönig« eher den Pfählen, auf denen er heute ruht. »Insgesamt 120 Bohrverdrängungspfähle sind es, die dafür in den Boden gebracht werden mussten. Jeder gut siebeneinhalb Meter lang und mit 56 Zentimetern Durchmesser.« Hans-Dieter Thiemke versucht mit Worten zu beschreiben, wie es hier vorher aussah. »Das Land hier draußen hinter dem ehemaligen Kuhtor der Stadt war schon immer sehr feucht, fast morastig und eigentlich nur für den Gemüseanbau und als Weideland geeignet.« Die Bauern, die sich hier am einstigen »Kuhdamm« ansiedelten, hatten kein leichtes Leben. »Wrukenpropper« wurden sie von den Prenzlauer Stadtbürgern eher abfällig genannt, auch wenn sie ihnen das Gemüse gern

Ein idyllischer Park mit Gartenteich, Seerosen, Trauerweide und Säuleneiche

Hans-Dieter Thiemke nimmt zum Geschichtenerzählen auf dem dekorativen Holzbrunnen Platz.

Blick aus dem Garten vorbei am Rosenbeet zum Hotel »Wendenkönig« mit Terrasse

abnahmen. Die Familien hatten zwar ihr Auskommen, aber reich wurden sie davon nicht. Mit der Wende war auch das endgültig vorbei. Mit den Billigangeboten in den nun in Prenzlau wie Pilze aus den Boden schießenden Großmärkten konnte keiner der einstigen Gemüsebauern mehr ernsthaft konkurrieren.

»Wir haben uns die Entscheidung nicht leicht gemacht, doch 1993 wurden dann die Scheunen auf dem Grundstück abgerissen und 1994 haben wir das Hotel eröffnet«, erzählt Hans-Dieter Thiemke. Die Myrthe, die im Steinkreis auf dem Parkplatz üppig wächst, hätten sie zur Einweihung geschenkt bekommen, und unter der Trauerweide, die er seinerzeit eigenhändig im Garten als kleinen Baum gesetzt hat, steht heute eine Bank, die zum Entspannen im Grün des Gartens einlädt. Die Eschen am Zaun zum benachbarten Hühnerhof hätte er damals auch angesamt. Mit dem Hotel erhielt der Garten allmählich seinen heutigen Parkcharakter. Statt von einer strengen Wegführung erschlossen, sind die nach und nach entstandenen optischen Höhepunkte in sattes Rasengrün eingebettet. Nur ein einziger befestigter Weg führt kerzengerade an der westlichen Grundstücksgrenze entlang zu einer kleinen Pforte am jenseitigen Gartenende.

Unmittelbar dahinter markiert ein schmaler Wassergraben die Südgrenze des Areals. Ein Vorfluter, der kontinuierlich in den Quillow gepumpt wird, damit die umliegenden Wiesen nicht ständig unter Wasser stehen. Wer den Weg entlangläuft, wird über die kohlkopfgroßen Dahlien erstaunt sein. »Die«, erklärt der Hausherr,

»habe ich von Neumuths aus Gramzow geholt.« Die hier am Zaun wachsende Blütenpracht erfüllt gelegentlich auch ganz praktische Zwecke, wie Köchin Katja Marquardt beweist, als sie ein paar leuchtend orange Kapuzinerkressenblüten zupft, die den Teller eines Restaurantgastes zieren sollen und essbar sind. »Das Elefantengras«, versichert Hans-Dieter Thiemke und führt damit ein weiteres Beispiel an, »verwenden wir gern für Gestecke«.

Natürlich lassen sich auch Rosen in der Küche verwenden, doch das »Rosenhochbeet« hat seine eigene Geschichte. Der mit verschiedenen Rosen bewachsene, künstliche Hügel verdankt seine Existenz der Schenkung eines Hausgastes. Der sandte eines Tages zunächst eine Rose aus Bad Neuheim. Weitere, auch hochstämmige Kletterrosen kamen hinzu und mussten einen geeigneten, hellen Platz finden, was angesichts zahlreicher, Schatten spendender Bäume gar nicht so einfach war. Der Rosenhügel an einer lichten Stelle hinter dem Teich war da die Lösung. Als Hans-Dieter Thiemke auch noch eine praktische, den Arm verlängernde Rosenschere – eine Kombination aus Schere und Zange – entdeckte, war schließlich sogar geklärt, wie die Rosen bei dieser schwer zugänglichen Anordnung unkompliziert zu pflegen sind. Pflegeleichtigkeit ist eine Grundmaxime für den Hotelier, denn auch wenn ihm sein Sohn gelegentlich zur Hand geht, viel Zeit darf ihm die Arbeit im Garten nicht kosten, dazu sind das Tagesgeschäft im »Wendenkönig« und seine zahlreichen anderen Verpflichtungen viel zu umfangreich.

Links: Die »Traurige Heike« hat ihren Platz zwischen den Rosen gefunden.

Rechts: Köchin Katja Marquardt pflückt die essbaren Blüten der Kapuzinerkresse.

Mitten im Eichenhain befinden sich der Steinkreis und die Triglav-Figur. Stolz präsentiert der »Wendenkönig« die Mooreichenskulptur.

▸ Über die Brücke geht es in den Garten.

Ein weiterer Blickfang ist der »Königsstuhl«. Zu dem gelangt, wer von der Terrasse den Zugang in die grüne Weite des Gartens über die Brücke wählt. Unvermittelt steht er dann vor dem aus Findlingen geformten »Königsstuhl«, dessen symbolische Bedeutung Hans-Dieter Thiemke schmunzelnd auch mal als Wendenfürst Pribislaw verkleidet demonstriert. Der 1150 verstorbene letzte slawische – oder auch wendische – König in Brandenburg, Pribislaw-Heinrich, galt älteren Stadtchronisten als der sagenhafte Gründer und Erbauer des Burgortes Prenzlau. Tatsächlich hat erst Pommernherzog Barnim I. (1213–1278) am 12. Dezember 1234 acht Lokatoren mit dem Aufbau der Stadt betraut und der Neugründung auf der mit seinem Siegel versehenen Urkunde Magdeburger Recht verliehen. Dass es in ihrem Umfeld ältere slawische Burgwälle gab, ist allerdings unbestritten und nährt bis heute die Legende, die auch Familie Thiemke mit der Namensgebung für ihr Hotel im Bewusstsein hält. Auf dem »Königsstuhl« sitzend, schweift der Blick des Betrachters in gerader Linie auf einen Eichenhain, aus dessen Mitte die dunkle Statue des dreiköpfigen Slawengottes Triglav aufragt. Die sehr ausdrucksstarke figürliche Darstellung hat der Künstler Stefan Teschke aus Augustenfelde aus Mooreichenholz gefertigt, das beim Straßenbau gefunden worden war. Den Slawen war Triglav wohl ein Kriegsgott, dessen drei Köpfe die Herrschaftsbereiche Himmel, Erde und Unterwelt symbolisierten. Fast mystisch wird es, wenn man die gedachte Linie vom Königsstuhl über die Triglav-Statue bis in weite Ferne verlängert, denn irgendwo da draußen ist der sagenhafte slawische Burgwall zu suchen, der schon lange vor der Stadtgründung existierte.

Doch auch, wer sich nicht so tief in die Historie, in die Götter- und Gedankenwelt der frühen Bewohner der Uckermark vertiefen möchte, wird die Weitläufigkeit dieses Gartens entspannt genießen. »Schwalben und Amseln brüten hier«, versichert Hans-Dieter Thiemke und deutet auf ein unter Weinblättern verborgenes Nest. »Der

Dahlie »Patzels Triumph« in Kombination mit Strauchrose »Angela«

Grünspecht ist oft zu beobachten und sogar ein Eisvogel kommt regelmäßig vorbei«, schwärmt er. Reisig- und Holzstapel am Rande sind willkommene Sonnenbänke für Ringelnattern und im Herbst Verstecke für Igel. Überall summt und zwitschert es. Kaum zu glauben, dass die vielbefahrene Neubrandenburger Straße kaum 50 Meter entfernt verläuft. Wer mag, kann sich den Garten aber auch auf ganz andere Weise erschließen – immer auf der Suche nach den kleinen Besonderheiten. Er wird mit Sicherheit fündig. Da gibt es den Ministeingarten, der aus einer Walze und Ziegelsteinen entstand, den Anker, der einst Forellenhälter im Unteruckersee hielt, oder den sich auf einen Findling aus Arendsee klammernden Hauswurz und noch vieles mehr, was Geschichten erzählen könnte, was originell oder einfach schön ist.

Reisetipps des Gärtners

Geöffneter Garten

Neubrandenburger Straße 66, 17291 Prenzlau, Tel.: 03984-8600. Außerhalb der Tage der »Offenen Gärten« ist der Garten für Hotel- und Restaurantgäste frei zugänglich.

Sehenswertes in der Nähe?

Das Solarcamp am Prenzlauer Unteruckersee ist etwas Außergewöhnliches und eine Schifffahrt nach Warnitz ist sehr zu empfehlen.

Wo lässt es sich gut essen und trinken?

Natürlich im Restaurant des Hotels »Wendenkönig«.

Was tun bei Regen?

Gerade für Familien mit kleineren Kindern empfiehlt sich ein Besuch im »RumTollHaus« in der Brüssower Allee von Prenzlau.

Links: Hauswurz sprießt aus einem Hohlziegel.

Rechts: Der Anker soll von einem russischen Boot stammen.

Extra

Typisch für die Uckermark sind zwei nur hier anzutreffende Begriffe: Die »Kalit« und die »Nudl«. Bei der Kalit handelt es sich um einen charakteristischen Spankorb mit Deckel, in dem – am schulterlangen Band getragen – die Bauern einst ihr Essen mit aufs Feld nahmen. Heute nur noch von der Firma »Weidenkorb« in Schöneberg hergestellt, ist er – gefüllt mit Köstlichkeiten der Region – ein beliebtes Souvenir. Anders verhält es sich mit der »Nudl«. Hinter dem gut uckermärkisch als »Nudl« Bezeichnetem verbirgt sich nichts anderes als die bekannte Kartoffel. Warum sich gerade diese Bezeichnung in der Uckermark für das aus Südamerika eingeführte nahrhafte Knollengewächs etablierte, dessen Anbau im großen Stil sich in Brandenburg erst durch den von König Friedrich II. 1756 erteilten »Kartoffelbefehl« durchsetzen ließ, ist nicht gänzlich geklärt. Die Einen meinen, dass die Bezeichnung vom französischen »Nouelle« abgeleitet worden sein könnte, wie die sich um 1690 in der Uckermark ansiedelnden Hugenotten die Knolle bezeichneten. Andere behaupten, sie ginge auf den Pastor Pierre Theremin aus Großziethen zurück, der 1716 zum ersten Mal Kartoffeln gegessen haben soll und sie lateinisch »Nodulus«, also »Knöllchen« nannte. Jedenfalls soll aus »Nouelle« oder »Nodulus« – vielleicht ja sogar aus beidem – in der Uckermark dann im Laufe der Zeit das viel einfacher zu sprechende »Nudl« geworden sein. Mit herbstlichen »Nudlwochen« machen einige Restaurants der Uckermark noch heute auf diese regionale Besonderheit aufmerksam.

Morbider Charme und Gastlichkeit

Bettina Husemann und Hagen Hartig bewirtschaften das Mühlengrundstück in Werbelow.

Wen es zur denkmalgeschützten Wassermühle Werbelow verschlägt, der wird wohl einem der zahllosen Flyer gefolgt sein, die auf die mehrmals im Jahr dort stattfindenden Flohmärkte verweisen. »Auch Konzerte gab es hier schon«, erzählt Bettina Husemann. »Es war toll und hat Spaß gemacht, aber die Umstände waren schwierig ohne Sanitäranlagen und richtiger Küche. Jetzt ist die Scheune ausgebaut und zur Straßenseite hin gibt es einen Regionalladen, der bei Festen oder an Markttagen seine Pforten geöffnet hat.« Stück für Stück geht es voran.

Die Mühle und das riesige Grundstück um sie herum waren für ihren ehemaligen Lebenspartner und sie einst so etwas wie Liebe auf den ersten Blick. »Wir zogen damals auf der Suche nach einem erschwinglichen Grundstück an den Wochenenden mit unserem Caravan durch Brandenburg«, erinnert sie sich. Groß sollte es sein, um genügend Platz für ihre Träume zu bieten. »Auch in der Prignitz hatten wir uns umgesehen, aber hier sind wir dann geblieben.« Der Caravan auch. Er steht – längst nicht mehr fahrbereit – auf dem 27 000 Quadratmeter großen Grundstück hinter einem halb verfallenem Schuppen, in dem Kaninchen ihr Domizil mit viel Auslauf gefunden haben. Mitten auf dem Hof zwischen Mühle und Scheune, da wo früher, als noch des Müllers Vieh im Stall stand, die Dunggrube war, türmt sich ein rasch bepflanzter Erdhügel – der Blumengarten. Obenauf ein stolzer schwarz-weiß gefärbter Lakenfelder Hahn, der – zu einer vom Aussterben bedrohten Haustierrasse gehörig – heute mit seinen Hühnern für die Eierproduktion auf dem Mühlenhof zuständig ist. Frei herumlaufen dürfen auch die putzigen grauen Seidenhühner, von denen eine Henne sich schon mal ängstlich gackernd mit ihrer vierköpfigen Schar just in dem Moment unter einem wuchernden Strauch zu verbergen sucht, als Besucher die Tür zum Küchengarten öffnen. Ein grotesker Anblick, denn zwei der ihr gehorsam folgenden »Küken« überragen sie schon um mehr als Kopflänge. Da will das schnelle Verstecken nicht mehr so recht gelingen. Hagen Hartig schmunzelt. Die zwei Laufenteneier hat er der brütenden Henne untergeschoben.

◂ Eine Farbkombination, die Frühlingsgefühle weckt

Bettina Husemann und Hagen Hartig mit einem ihrer Rauwolligen Pommerschen Landschafe

Links: Die Laufentenjungen fühlen sich im Garten wohl.

Rechts: Freiliegende Schwarzerlenwurzeln bieten einen bizarren Anblick.

Geschlüpft folgen die beiden inzwischen hoch aufgeschossenen Entenküken noch immer ihrer Ziehmutter. Auf dem Hof ist er der Praktiker. Die Laufenten sollen später der Schneckenplage im Garten Herr werden. Gegessen werden sie nicht, versichert Bettina Husemann, denn Fleisch käme bei ihr sowieso nicht auf den Tisch. Ihr neuer Lebenskamerad, Hagen Hartig, auf dem Lande groß geworden und ein echter Uckermärker, schweigt vielsagend zu ihrer Bemerkung. Später wird sie sagen, dass er sowieso machen würde, was er für richtig hält und dass es gut so sei. Der Bauernhof sei schließlich ein Tierasyl, hier habe jeder seine Aufgabe. Auch Lea, Leo und Lia, die drei Rauwolligen Pommerschen Landschafe im provisorisch abgesperrten Gatter gleich neben dem Garten. Sie sollen das wuchernde Grün auf dem riesigen Areal hinter der Mühle in Schach halten, das einst der Mühlenteich war. Schaffen können sie es nicht, so bleibt noch allemal mehr als genug Grün zum Heuen. Bizarr, fast wie im Mangrovenwald, ragen einst vom Mühlenteich unterspülte Baumwurzeln in die Höhe und begrenzen zugleich die urige Wirkungsstätte der Landschafe. Dem heutigen Küchengarten, der bei näherer Betrachtung tatsächlich alles bietet, was die Küche braucht, ist das Improvisationstalent seiner Besitzerin anzumerken. Fundstücke wie eine zinkene alte Dachausstiegsluke samt Rahmen, die als Minifrühbeet seinen Dienst tut, oder selbst geflochtene Weidenzaunstücke, wie sie schon die einst slawischen Siedler dieser Gegend gefertigt haben dürften, fallen da sogleich ins Auge. Verwendet werden selbst Postelein und Vogelmiere. »Die geben schon im zeitigen Frühjahr einen guten Salat«, versichert Bettina Husemann. Kritisch lässt sie ihren Blick von der Gartenpforte aus schweifen und meint lächelnd, Karl Foerster zitierend: »Jemand, der mit seinem Garten zufrieden ist, der hat ihn nicht verdient.«

Links: Die historische Strauchrose bezaubert durch ihren Duft.

Rechts: Vom Pomologen bestimmt und auf Schiefertafel festgehalten: Der Pommersche Krummstiel

Dann lotst sie hinter der Mühle über eine abenteuerlich verrostete schmale Metallbrücke, unter der sich noch die Reste des Mühlenstaus samt trocken liegendem Turbinengehäuse befinden. Es rauscht zwar noch, aber der ehemalige Teich ist versandet und das Wasser findet seinen Weg nun durch einen Graben von der Beeke. Es lässt die Funktion des sich in imposanter Tiefe erstreckenden, ruinösen Wasserbauwerkes aus Beton- und rostigen Metallresten erahnen. Dahinter aber betritt man den wild romantischen einstigen Obstgarten des Müllers. Er ist dem mannshohen Brennnesselmeer buchstäblich wieder entrungen. »Ein Schlafgast hat hier kürzlich Wunder vollbracht«, erzählt Bettina Husemann. »Auf dem hier unmittelbar entlang führenden Berlin-Usedom-Radweg radelnd, wollte er nur mal sein müdes Haupt bei uns betten und wieder ein wenig zu Kräften kommen.« Geblieben sei er dann drei Tage und habe in der Zeit für freie Kost und Logis regelrecht »geackert«, erzählt sie anerkennend und sich noch immer ein wenig wundernd, dass er doch eigentlich bei seiner Weiterfahrt dann nicht erholt, sondern völlig ausgepowert gewesen sein muss. Von den hier einst akribisch mit weißem Kies geformten Wegen, wie sie es auf alten Fotos noch gefunden hätte, ist nichts mehr zu sehen. Alles ist grün. Ein kniehoch im Rund wuchernder Buchsbaum lässt höchstens vermuten, dass einer der geschwungenen Wege durch den Garten einmal hier entlang geführt haben könnte. Wildrosensträucher setzen mit ihren weiß- und rosaroten Blüten farbige Akzente. Die in diesem Gartenbereich immer wieder austreibenden Stockrosen sprechen dafür, dass hier wohl einmal auch der »Blumengarten« gewesen sein muss. Bettina Husemann aber ist keineswegs vom Ehrgeiz zerfressen, irgendeinen historischen Zustand des Gartens wiedererstehen oder erhalten zu wollen. »Wo die Stockrosen stehen, da

stehen sie und bleiben auch«, sagt sie und freut sich an den Farben. Dass die Obstbäume lange keinen Schnitt mehr bekommen haben, ist ihren übergroßen, schweren Kronen anzusehen. »Einige der uralten Apfelsorten habe ich bestimmen lassen« – und wie zum Beweis dafür baumeln mit feinen weißen Pinselstrichen auf Schieferplatten geschriebene Namensschilder an den untersten Ästen ihrer gewaltigen Kronen.
Auf dem Areal wird eher das Notwendigste gemacht. Zu Sklaven ihres Gartens wollen sich weder er noch sie machen. Was einmal wird, muss sich erst noch zeigen. Vorerst sind die Prioritäten anders gesetzt, denn in der Mühle und in der Scheune gibt es noch genug zu tun. Gemacht wird, was man sich leisten kann. Da steht Zweckmäßigkeit noch allemal vor akribisch durchdachter Ästhetik. Die natürlichen Schönheiten auf dem riesigen Grundstück, die »einfach da sind« oder sich mit relativ wenig Aufwand aus dem wild wuchernden, schier undurchdringlichen Grün kitzeln lassen, sind Bettina Husemann bewusst. Nicht zuletzt ist sie damals und auch heute noch ihnen verfallen und meint nachdenklich lächelnd: »Wenn ich nicht n' Stück naiv wär', hätt' ich jetzt die Mühle nicht.« Sich von ihrem Traum zu trennen, daran mag die 55-Jährige keinen Gedanken verschwenden. Hagen Hartig runzelt zwar die Stirn, sagt aber nichts. Dass es auch ihm diese natürlichen Schönheiten angetan haben, spürt jeder Besucher sofort, wenn er mit leuchtenden Augen am Ende des Obstgartens den traumhaften Blick auf den neuen, sich um die Hügel windenden und über eine Stromschnelle rauschenden Lauf des Baches präsentiert, der einst, als der Mühlenstau noch funktionierte, den verschwundenen Teich speiste, in dem es jetzt so üppig grünt. Auf die Frage, ob man den Mühlenteich nicht wiederherstellen sollte, schüttelt Bettina Husemann nur mit dem Kopf. »Wo denken Sie hin? Wer soll das bezahlen? Das Stauwerk wiederherstellen, die Wasserrechte …« Am liebsten wäre sie einfach nur Gastgeberin.
Vis-à-vis ihres neuen Blumengärtchens steht ein großer himmelblau gestrichener Holztisch unter einem Pflaumenbaum, da lässt es sich gut bei einem Gläschen Wein mit Freunden sitzen oder gemeinsam etwas Frisches aus dem Gemüse- und Kräutergarten genießen. »So richtig gefällt mir der Platz aber noch nicht«, sagt Bettina Husemann. Dann führt sie durch die Mühle, in der noch bis 1984 gemahlen wurde. »Im Winter kann es hier ganz schön kalt werden«, versichert sie. Sicher ist das Wohnen in der viergeschossigen Mühle nicht mit dem Komfort einer städtischen Mietwohnung zu vergleichen. »Ich bin gewohnt, alles selber zu machen«, sagt sie und kennt zugleich ihre Grenzen. »Hagen greift schon auch ein«, beeilt sie sich zu versichern, während er auf der improvisierten Terrasse, der ehemaligen Be- und Entladerampe der Mühle, den Kaffeetisch eindeckt. Gerade ist auf der Straße hinter der nur mit einem Sichtschutz aus geschichtetem Holz abgeschirmten Rampe der tägliche Milchtransporter vorüber gedonnert, sonst hält sich der Betrieb hier sehr in Grenzen. Als der Kaffee fertig ist, serviert die Frau des Hauses mit einem Hauch Rosenwasser getränkten Kuchen. So bekommt die selbstgemachte Ananastorte eine ganz eigene, ungewöhnliche Note. »Ich probiere gern ein wenig aus«, betont sie schmunzelnd. In ihren kühnsten Träumen, sagt sie, sähe sie sich als Gastgeberin und die Mühle als Ort für Veranstaltungen mit Zimmern zur Vermietung. Sie hofft davon auch einmal leben zu können. Dass der morbide Charme der Mühle und ihres Umfelds schon heute einen eigentümlichen Reiz auf jeden Besucher auszuüben vermag, liegt auf der Hand. Hagen Hartig eilt voraus und überreicht einen noch rasch gegriffenen Pappkarton. Zum Abschied eine Packung Eier, kunterbunt und nicht im Einheitsmaß – alles Bio.

Der Garten an der Mühle lebt von Kunstobjekten, Pflanzen, Gesammeltem und Tieren wie dem Lakenfelder Hahn.

Persönlich notiert:

Bettina Husemann: »Für mich darf ein Garten diesen morbiden Charme ausstrahlen, muss nicht exakt und wie mit dem Zirkel gezogen sein. Ein Garten sollte immer ein bisschen geheimnisvoll sein und Ecken haben, wo es stets etwas Neues zu sehen gibt. Der Garten ist für mich auch ein Ort des Austausches, der öffentlich ist und in dem man sich gegenseitig Tipps gibt.«

Reisetipps des Gärtners

Geöffneter Garten:

Werbelow 54, 17337 Uckerland, Tel.: 039740-29726, E-Mail: muehle.werbelow@t-online.de, www.muehle-werbelow.de. Geöffnet ist zu den Tagen der »Offenen Gärten« in der Uckermark, sonst nach telefonischer Anmeldung.

Sehenswertes in der Nähe?

Das Naturschutzgebiet »Köhntoptal« ist sehr reizvoll, ebenso ein Besuch auf dem Rosenhof Flemming in Karlstein.

Wo lässt es sich gut essen und trinken?

Natürlich bei uns oder ein Stück weiter im nahegelegenen Café »Zum Speicher«. Neben selbst gemachten Torten bietet die mediterrane Küche dort Snacks, feine Gerichte und köstliche Suppen.

Was tun bei Regen?

Die mittelalterlichen Wandmalereien in der Dorfkirche von Lübbenow sind sehenswert. Ein Workshop in der Mühle unter Anleitung von Jutta Amzoll vom unika.Kunsthaus bietet sich an.

Extra

»Wir vermitteln auf Wunsch auch Kanutouren und Kutschfahrten. Einfach nachfragen!«

Von Rosen leben

Aus einer Geschäftsidee wurde in Karlstein der Rosenhof Flemming.

Das Ortsschild »Karlstein« lässt an stolze Burgen auf hohen Felsen denken, und es gibt ja auch mehrere dieses Namens. Ob sie vielleicht 1841 für den Rittergutsbesitzer von Holzendorf zu Jagow Pate standen, als er für sein im Jahr zuvor errichtetes Vorwerk einen Namen suchte? Ganz sicher weiß das keiner. Eine Burg jedenfalls gab es hier nie und 1840 wird für die 1000 Morgen des neuen Vorwerkes gerade mal eine Feuerstelle genannt. Ein paar mehr gibt es in dem malerisch in ganzer Länge vom Köhntop-Bach durchflossenen Ort heute zwar schon, aber die Anzahl seiner Bewohner ist im überschaubarem Rahmen geblieben. »Strukturschwach« und »problembehaftet« heißen solche Regionen im Behördendeutsch heute, weil die einst zahlreich vorhandenen Arbeitsplätze in der Landwirtschaft längst weggebrochen sind und die Zukunftsaussichten eher trübe erscheinen. Gerade diese Regionen bergen aber auch die Chance, sein Schicksal in die eigenen Hände zu nehmen. Das dachten sich auch Carmen und Maik Flemming, als sie samt Kindern im November 2005 hier ankamen und sich erst einmal Wege durch das Meer mannshoher Brennnesseln auf ihr gerade erworbenes Anwesen bahnen mussten. »Gekauft wie gesehen« nennt man das. Sie hatten das Potential erkannt, das in dem traumhaft zwischen zwei Bachläufen, fast wie auf einer Landzunge gelegenem Grundstück schlummerte. Nicht gerechnet hatten sie mit den Altlasten, die hier in Form von Fundamentresten beachtlichen Ausmaßes im Boden schlummerten. »Sie haben maßgeblich die Gestaltung bestimmt«, sagt Maik Flemming pragmatisch, »denn sie zu beseitigen, dazu fehlte es uns an Kraft, Zeit und Geld.«
Ein Rosenhof sollte hier entstehen und er sollte die Familie ernähren. Diesem Ziel wurde alles andere untergeordnet, auch das Wohnhaus, das erst allmählich ein wohnlicheres Ambiente bekommt. »Wir wollten und konnten nicht aus dem Vollen schöpfen«, erinnert sich Carmen Flemming an die Anfänge. »So geht es hier vielen und deshalb

◂ Ein Meer aus Rosen: »Rumba«, »Artemis« und »Paprika«

Carmen und Maik Flemming mit ihrer Hündin »Ronja«

Ein Blick auf die große Verkaufsfläche, die sich an diesem Tag schon ziemlich gelichtet hat.

wollen wir unseren Besuchern ganz bewusst zeigen, wie auch mit einfachen, oft sogar vorhandenen Mitteln gestalterische Ideen umgesetzt werden können.« Ihr Kapital ist das, was sie auf ihrer 13-jährigen »Bildungsreise durch den Westen«, wie sie es heute scherzhaft nennen, gelernt haben. Maik Flemming ist gelernter Landwirt und stammt aus Pasewalk. Carmen Flemming ist gebürtige Uckermärkerin, hat einmal als Werkzeugmacherin in Prenzlau gearbeitet. Sie waren gerade dabei, sich ein eigenes gemeinsames Nest – natürlich schon damals mit Garten – zu bauen, da kam die Wende und Grund und Boden wurden zurückgefordert. So begann die Odyssee der Eheleute Flemming und 1992 ging es westwärts, ins Oldenburger Land. »Dort reiht sich Baumschule an Baumschule«, erzählt Carmen Flemming, »das war meine Welt und ich habe bei der Arbeit viel gelernt.« Besonders angetan hatten es ihr die Rosen. Ehemann Maik jobbte bei Landwirten und half seiner Frau, wo er konnte – auch beim Verkauf auf den Märkten. Irgendwann sei ihnen dann durch den Kopf geschossen, dass sie das doch selber könnten. Carmen Flemming gab ihre letzte Anstellung beim Pflanzenhof von Olaf Schachtschneider in Aschenstedt auf, mit dem sie heute noch guten geschäftlichen Kontakt pflegt.

Es kamen viele Gründe zusammen, die zur Rückkehr in die alte Heimat bewogen, um hier den Start in die Selbstständigkeit zu wagen. Das 20 000-Quadratmeter-Anwesen in Karlstein gefiel ihnen sofort und die ganze Familie packte mit an. Heute bringt sich sogar schon die älteste Tochter als gelernte Baumschulgärtnerin speziell durch die Obstgehölzvermehrung in den Betrieb mit ein. Im ersten Jahr konnten sie ihre

4500 Rosen in gerade einmal 70 Sorten auf den Märkten der Umgebung anbieten. Dabei spezialisierten sie sich von vornherein auf die Sorten, die den Boden und dem Klima der Uckermark am ehesten gewachsen sind. Es wäre unlauter, ihren Kunden tolle Katalogrosen anzubieten, die dann eingehen, meint Maik Flemming. Beratung und auch Gartengestaltung gehören deshalb zum selbstverständlichen Angebot ihres Rosenhofs. »So richtig Auftrieb gegeben hat uns dann aber 2007 unser erstes Rosenblütenfest«, erinnert sich Carmen Flemming. »Das findet jetzt alljährlich Anfang Juni bei uns auf dem Hof statt. Seit 2012 gibt es im Juli dazu die Karlsteiner Rosentage mit Entenrennen auf dem Köhntop«, ergänzt ihr Mann, begeistert in Erinnerungen schwelgend. Im zweiten Betriebsjahr ging es auch richtig los mit der Veredelung von Rosen für die kalkhaltigen Böden der Uckermark. Damals waren es noch 1800 Stück, inzwischen hat sich diese Zahl verzehnfacht und auch die Anzahl der Sorten hat mit aktuell 280 noch längst nicht den Gipfel erreicht, gibt sich Maik Flemming sicher.

Aus der Erkenntnis heraus, dass es besser ist, am praktischen Beispiel zu zeigen, wie etwas im Garten wirkt, entstanden – fast wie ein Ring um den Hof angeordnet – verschiedene, unmittelbar aufeinander folgende Schaugärten für die Besucher in Karlstein. Hier galt es die Bodengegebenheiten mit den Pflanzenanforderungen zu kombinieren. Wer mag, kann sich sachkundig führen lassen oder selbst auf Entdeckungstour gehen. Gleich zu Beginn des Rundwegs, der am Parkplatz beim Folientunnel seinen gut ausgeschilderten Anfang nimmt, vorbei am Obstbaumquartier unter den Ästen einer Pappel hindurch, ist links

Links: Der Rundgang ist eine Entdeckungstour, die auch an der bunten Bienenweide vorbeiführt.

Rechts: Kleine Reisegruppen nehmen das Angebot einer Führung gern an.

Ein Hingucker ist das skurrile Gäste-WC in der Postkutsche.

Die Hüte der Filzerin Rosi Ratz sind wie der Lavendel, die Taglilie und die historische Rose »Pink Grootendorst« ein farbliches Erlebnis.

ein klassischer Bauerngarten angelegt worden. Geachtet wurde dabei darauf, dass mit wenig Mitteln und möglichst geringem Pflegeaufwand die klassische Verbindung von Nutz- und Ziergarten gezeigt werden kann. Interessant sind die hier und im zugehörigen Obstgarten vertretenen Gehölzarten. Kornellkirschen finden sich neben Holunder, Kupferfelsenbirne, Haselnuss und Apfelsorten wie Roter Boskop, Grafensteiner und Spartan, dem herrlich roten Weihnachtsapfel aus Kindheitstagen. Diese Gehölze dienen zugleich als Wind- und Sichtschutz zu den sich dahinter anschließenden Ackerflächen. Fast unbemerkt geht man dabei an dem zur Rechten liegenden Heckengarten vorbei. Neben Wildrosen wachsen in diesem Gartenteil vor allem Eiben, Berberitzen und Thuja, doch Carmen Flemming empfiehlt gern Hainbuchenhecken.

Der sich anschließende historische Rosengarten ist das Herzstück der Schaugärten. Er zeigt dem Besucher, wie ein auf Wirkung angelegter Garten, der jede einzelne Rose gebührend zur Geltung

bringt, zu gestalten ist. Die sich verzweigende Wegführung durch das Auf und Ab des Geländes verbunden mit verschiedenen Gartenaccessoires schafft kleine, intime und gemütliche Räume, in denen man die Seele baumeln lassen kann, wo es am ehesten gelingt, Düfte, Farben und Formen gebührend zu genießen. Auch hier ist möglichst geringer Aufwand oberstes Gebot. »Rosen brauchen Platz und Geduld«, sagt Carmen Flemming und macht besonders auf die »Apothekerrose«, die Rosa officinalis, aufmerksam, die wohl älteste bekannte Rose, deren Blütenblätter früher zur Parfümherstellung genutzt wurden. Dort im Rosengarten hätte sich auch ihr jüngster Sohn mit dem Pflanzen einer Winchester Cathedral kreativ eingebracht. Da wolle man noch abwarten, was daraus wird, denn sie gehört nicht unbedingt zu den für die Uckermark zu empfehlenden Sorten. Der Boden sei hier für Rosen zwar super, aber die Sonneneinstrahlung und die Winter sind für manche Rosen weniger geeignet. Der gewählte Standort spiele dabei die entscheidende Rolle.

Der liebevoll angelegte Bauerngarten dient zur Selbstversorgung und zum Ideensammeln.

Aus diesem Garten führt ein naturbelassener Weg die Grundstücksgrenze entlang zum Lauf des Köhntop hinab, begrenzt durch Erlen. Der Name »Köhntop«, meint Maik Flemming, sei slawischen Ursprungs und würde sich aus den Worten für »Kühe« und »Tränke« herleiten lassen. Der Köhntop in seinem tief eingeschnittenen Bett fließt hier mit durchaus beachtlicher Geschwindigkeit ostwärts. Der Weg führt nun an einer »Bienenweide«, der Wildblumenwiese, vorüber und zurück auf den Rosenhof.
Plötzlich steht der Besucher auf der Verkaufsfläche und sieht sich in der Saison schon mal von bis zu 5000 duftenden, getopften Rosen in verwirrender Vielfalt umgeben. »Wir helfen gern bei der Auswahl«, versichern die Flemmings, zu denen auch noch der mittlere Sohn zählt. »Er ist nicht so der Gestalter und auch für die Rosenvermehrung hat er nicht die Geduld«, sagt Mutter Carmen über ihn, »aber wenn es ans Buddeln geht, dann können wir auf ihn zählen«. Eben einer für das Grobe und stets zur Stelle, wenn es darum geht, die noch immer vielen Ideen zur weiteren Gestaltung des Geländes nach Kräften voranzutreiben. So besehen scheint nichts so sicher wie die ständigen Veränderungen auf dem Rosenhof Flemming.

Einen Sommerschnitt erhält die Rose »Leonardo da Vinci« vor dem Verkauf.

Persönlich notiert

Maik Flemming: »Wer sich einen Garten zulegt, der sollte sich Zeit bei der Gestaltung lassen, sollte bewusst angelegte Räume schaffen und stets daran denken, dass er pflegeleicht bleibt. Schließlich soll er nicht nur Arbeit machen, sondern auch Erholung bieten. Um sich sein ganz eigenes, persönliches Paradies, seinen Rückzugsort zur Erholung zu schaffen, muss man allerdings auch ein wenig ausprobieren.«
Carmen Flemming: »Schon bei der Anlage sollte daran gedacht werden, dass der sich langsam entwickelnde Garten stets nur einen dem eigenen Alter angemessenen Pflegeaufwand abverlangt, um möglichst lange Freude an ihm zu haben. Mir ersetzt unser Garten den Gang ins Fitness-Studio.«

Reisetipps des Gärtners

Geöffneter Garten
Karlstein 5, 17337 Uckerland, OT Karlstein,
Tel.: 039853-64979, www.rosenhof-flemming.de
Sehenswertes in der Nähe?
»Wir empfehlen einen Besuch des Rosengartens in Wolfshagen, der am Ortsausgang in Richtung Woldegk zu finden ist und sich wunderbar mit einem anschließenden Besuch des dortigen Lenné-Parks verbinden lässt. Ein unvergessliches Erlebnis ist auch eine Wanderung durch das Naturschutzgebiet am Köhntop.«
Wo lässt es sich gut essen und trinken?
»Der Uckerkaas-Regio-Pavillon in Bandelow hält einige köstliche Spezialitäten bereit. Kaffee und Kuchen gibt es aber auch bei uns auf dem Hof.«

Der Schaugarten bietet Inspiration: Blauer Lanzenträger, gelbe Taglilie, Fette Henne, Purpurglöckchen mit rotem Laub und weißer Rittersporn

Verborgene Schönheit

In Dolgen haben sich Runhilde und Joachim Lorenz einen Gartentraum geschaffen

»Wir sind hier etwas abgelegen«, sagt Runhilde Lorenz, aber immerhin gäbe es unweit den interessanten Lenné-Park in Wolfshagen.

Wer sich zu den Eheleuten Lorenz nach Dolgen auf den Weg macht, der wird nicht enttäuscht und für den ganzjährig frei zugänglichen Park in Wolfshagen bleibt trotzdem noch Zeit. Gut 30 Jahre Arbeit haben Runhilde Lorenz und ihr Mann in das 3500 Quadratmeter-Anwesen gesteckt, um aus einem Brennnesselmeer am Waldrand ihr kleines Paradies zu schaffen. Einfach war das nicht. Manche Stellen mussten mit der Spitzhacke gelockert werden und das Feldsteinfundament einer riesigen Scheune, die einst teilweise auf dem Grundstück stand, ließ sich mit Muskelkraft allein auch nicht vollständig beseitigen. Fundamentreste findet heute aber nur noch, wer sozusagen mit der Nase darauf gestoßen wird.

»Die Steinkanten sind mit Immergrün zugewachsen«, erklärt Joachim Lorenz. Knapp fünf Jahre hätten sie gebraucht, um einen Grund reinzubringen. Zuerst musste das Haus hergerichtet werden. »Mischen und Maurerkelle schwingen, alles selbst gemacht«, erzählt er, den hier alle nur »Jochen« nennen. »Wir hatten hier ja nichts, vier Kirschbäume und eine Pumpe.« Für den Garten galt es, den Boden auszutauschen. Die Bäume auf dem Grundstück mussten erst gepflanzt werden – als erstes eine dichte Nadelholzreihe von den beiden mächtigen Eichen am Waldweg die Grundstücksgrenze entlang bis zur Hofeinfahrt, um dem hier ständig pfeifenden Wind Paroli zu bieten. Inzwischen sind die Bäume so hoch und dicht geworden, dass sie schon das Haus verschatten und ihre Spitzen geköpft werden mussten.

»Für mich war der Garten stets Ausgleich zur Schule«, versichert Runhilde Lorenz, die lange Jahre Lehrerin im nahegelegenen Hetzdorf war. Das Gärtnern aber hat sie, die ursprünglich aus Böhmen, aus dem Sudetenland stammt, bei ihren Eltern von klein auf gelernt. Sie hatten als

◂ Ein Meer aus Margeriten inmitten der grünen Gartenpracht vor dem Pavillon

Runhilde und Joachim Lorenz nehmen sich Zeit für eine kleine Pause.

Links: Ausrangiertes findet zwischen zahlreichen Maiglöckchen einen würdigen Platz.

Rechts: Das Immergrün vereint mit einer Rose

Neubauern nach dem Kriegsende in Kutzerow Bodenreformland erhalten und darauf eine Gärtnerei errichtet. Da gab es immer viel zu tun und zu lernen. Die Arbeit in der Gärtnerei ohne Lehrabschluss war nicht einträglich genug. Sie holte das Abitur nach und wurde Lehrerin. So blieb das Gärtnern für sie willkommener Ausgleich in der Freizeit. Ihre Fähigkeiten als Gartenplanerin setzt sie neuerdings auf dem Hetzdorfer Pfarrgartengelände ein. Dort entsteht auf Initiative von Pfarrer Ulrich Kasparick mit gespendeten winterharten Rosen aus aller Welt ein »Internet-Rosengarten«. Diese ungewöhnliche Gartenidee unterstützt Runhilde Lorenz mit Rat und Tat.

In ihrem eigenen Garten hat sie nichts dem Zufall überlassen, alles bis ins Kleinste auf dem Papier geplant und vorgedacht. Inspiriert von dem berühmten Stauden-Züchter und Gärtner Karl Foerster und dessen Gartenauffassung hatte sie sich zuvor unzählige Gärten und Parks angesehen, Ausstellungen und auch die seinerzeit alljährlich in Erfurt stattfindende IGA (Internationale Gartenbauausstellung) besucht. Allmählich entwickelte sich so eine Vorstellung davon, wie der hinter dem Haus zum Lauf des Köhntop-Baches hin abfallende Garten einmal aussehen soll. Trotz aller vorausschauenden Planungen musste einiges aber auch einfach ausprobiert und mitunter wieder verworfen werden. Die erste Idee etwa, nach dem Vorbild Foersters einen »Senkgarten« zu gestalten, erwies sich als weniger günstig. Am Ende war der Senkgarten einfach zu klein, um seine Wirkung zu entfalten und wurde wieder zugeschüttet. Dass duftender Schneeball an diesem Standort nicht wächst und die Stechpalme erfriert, sind Erfahrungen, die sie im Laufe der Jahre sammelte. Auch Azaleen und Rhododendren gedeihen klimatisch hier eigentlich nicht, aber dank Bodenaustausch und Gießen mit kalkfreiem Regenwasser halten sie sich im Halbschatten des Vorgartens rund um den kleinen Gartenteich schon seit 20 Jahren. Hier am Teich schuf

Eine wunderschön farbenprächtige Akelei rahmt eine dekorative hohle Baumscheibe.

sich Runhilde Lorenz eine »Grasinsel« und auch die im September blühende Silberkerze ist eine dankbare Pflanze an diesem eher schwierigen Standort. Dazwischen ziehen kleine Objekte wie die hölzernen Wildschweine oder die kleine selbst geschreinerte Doppelbank, der ihre Entstehung aus dem Fenstersturz einer über 150 Jahre alten Landarbeiterkate nicht anzusehen ist, auf sich. Am Hausgiebel klettert wacker eine Kiwi-Pflanze in Richtung Dach. »Eine Pollenspendende«, erzählt Joachim Lorenz und verweist damit zugleich auf die Zweihäusigkeit dieser in unseren Breiten zwar angebauten, aber immer noch exotischen Frucht.

Unmittelbar hinter dem Wohnhaus breitet sich eine zum Verweilen einladende Wiese, die den daneben und dahinter in den Hang integrierten Nutzgarten nicht sofort sichtbar werden lässt. Erst für den, der über die Wiese weiter in Richtung Köhntoptal geht, erschließt sich der zweckmäßige und logische Aufbau dieses Gartenteils. Links der Obstgarten mit Pflaumen, Äpfeln, Birnenquitte, unmittelbar zu Füßen des Betrachters ein kleines Gewächshaus, der Gemüsegarten mit kleiner Kräuterspirale und rechts dann der Beerengarten mit Aronia, mit roten und schwarzen Johannisbeeren sowie mit Stachel- und Himbeersträuchern. Alles was das Ehepaar Lorenz angebaut, wird in der Küche verarbeitet. Das Besondere jedoch ist die sowohl ästhetisch wie zweckmäßig durchdachte Anlage dieser Nutzgartenteile. Die Obstbäume etwa sind so geschnitten, dass sich das Obst bequem und ohne Leiter pflücken lässt. Im Gemüsegarten ist der Salat in einem Hochbeet einzeln gesät, so dass er sich zum einen optimal entwickelt und leicht zu pflegen ist, zum anderen fast im Stehen geerntet werden kann. Dass diese Form der Aussaat dem Nutzgarten einen besonderen ästhetischen Reiz verleiht, zumal die Blätter, je nach Art, noch unterschiedliche Färbung zeigen, steht außer Frage.

»Eigentlich«, meint Runhilde Lorenz nach-

Links: Das Hochbeet erleichtert die Pflege und die Ernte der Salatköpfe.

Rechts: Die Walzenwolfsmilch hat sich neben dem roten Hauswurz ausgesät.

◂ Ein gemütliches Plätzchen haben Besucher der »Offenen Gärten« gefunden.

denklich, »müsste der Garten verkleinert werden«, weil er aller geplanten Erleichterungen zum Trotz für sie allein, so wie früher, nicht mehr zu schaffen sei. Viel mehr als ehedem geht ihr heute aber auch ihr Mann zur Hand. Schnell ist der Gedanke verscheucht und ein Lächeln huscht über ihr Gesicht, wenn sie an den Trubel auf dem Hof denkt, den sie neuerdings durch die Besuche an den Tagen der »Offenen Gärten« hat. »Ich genieße diesen Austausch mit Gleichgesinnten und«, sagt sie, »das tut mir richtig gut.«
Beim Abschied fällt ein Klappstuhl vor der Haustür auf, dessen Holzlehne der Spruch »Hier up sitt, wer buten blewen müt« (»Hierauf sitzt, wer draußen bleiben muss«) ziert. Gäste erleben angesichts des sehenswerten Gartens und seiner gastfreundlichen Eigentümer das Gegenteil zur Inschrift. Nur wer hier draußen sitzt und sich ein wenig umtut, wird die ganze Schönheit in sich aufnehmen können, die in mühevoller Arbeit bei Familie Lorenz in Dolgen rund um ihr Haus entstanden ist und liebevoll gepflegt wird.

Noch ein wenig Sonne kann die Johannisbeere vertragen, bevor sie in der Küche verarbeitet wird.

Persönlich notiert

Runhilde Lorenz: »Ich gärtnere schon mein ganzes Leben lang und habe immer wieder erfahren, wie viel Freude und Genugtuung aus dem Anbau von Obst und Gemüsen zu schöpfen ist, ja wie ein im Garten selbst gepflückter Strauß Blumen die trübsten Gedanken zu zerstreuen vermag. Es ist einfach schön, die Jahreszeiten in Gartenbildern zu sehen. Die Arbeit, die Bewegung an der frischen Luft, die Sonne, die Gerüche und die Farben vertreiben im Nu die Sorgen des Alltags. Das alles zusammen ist es, was für mich Gärtnern bedeutet.«

Reisetipp des Gärtners

Geöffneter Garten

Dolgen 10, OT Dolgen, 17337 Uckerland, Tel.: 039745-869704. Nach telefonischer Voranmeldung ist der Garten auch außerhalb der offiziell ausgewiesenen Tage der »Offenen Gärten« in der Uckermark zu besuchen.

Sehenswertes in der Nähe?

Ein Ausflug über die Landesgrenze nach Woldegk lohnt sich immer. Die Kleinstadt lockt mit ihren erhaltenen und restaurierten Windmühlen und einem Windmühlenmuseum.

Wo lässt es sich gut essen und trinken?

Wir empfehlen die Einkehr im Woldegker Mühlenrestaurant.

Extra

Beliebt bei Familie Lorenz sind die aus Böhmen mitgebrachten »Pflaumenknödel«. Einfach eine ganze Pflaume in den aus Kartoffeln, Ei und Mehl gekneteten, zu handlichen Bällen gerollten und anschließend in Wasser gekochten Kartoffelteig drücken. Die fertigen Knödel dann mit Zucker und Zimt und brauner Butter servieren. »Mein Vater«, erzählt Runhilde Lorenz schmunzelnd, »hat zu einer Mahlzeit 30 Knödel geschafft.«

Idyllisch: Die aus dem 150 Jahre alten Türholz gefertigte Bank ziert ein eingewachsenes Hufeisen.

Landschaftsgarten im Werden

Bei Regina und Erwin Klaus in Christianenhof wird der fließende Übergang in die Landschaft zum Erlebnis.

Das ehemalige Vorwerk Christianenhof soll seinen Namen von Christiane von Schlippenbach erhalten haben, für die der kleine Ort als Witwensitz bestimmt gewesen war. Da sich die jung verwitwete Gräfin Christiane schon 1800 nach knappem Einhalten des Trauerjahres in zweiter Ehe mit einem gleichaltrigen Diplomaten verheiratete, dürfte sie allerdings kaum dazu gekommen sein, sich hier wohnlich einzurichten.

Eingerichtet haben sich in dem beschaulichen Ort, den man heute nur über eine alte, von einer Allee gesäumten Kopfsteinpflasterstraße erreicht, vor allem Künstler. Ein Bildhauer, eine Malerin, ein Fotograf und ein Holzgestalter laden übers Jahr verteilt zu Atelierbesuchen, zu Workshops, Künstlertreffen und anderen Veranstaltungen ein. Auch zu den Tagen der »Offenen Gärten« in der Uckermark finden sich aus gutem Grund inzwischen zahlreiche Besucher in Christianenhof ein. Ihr Ziel ist der alte Schafstall, an dessen bewohnter Giebelseite die Jahreszahl 1879 prangt. Da mag der lang gestreckte Ziegelsteinbau neu errichtet worden sein. Schafe und Schafzucht gab es schon wesentlich früher, denn eine Schäferei ist für das Vorwerk bereits um 1775 bezeugt. Sehr viel älter dürfte das Vorwerk jedoch kaum sein. Des alten Schafstalls und der dahinter gelegenen, seinerzeit ziemlich verwilderten Reste eines Bauerngärtchens nahmen sich die Eheleute Erwin und Regina Klaus 1995 mit viel Enthusiasmus an. Nach mehreren Jahren war das Haus so weit hergerichtet, dass sie ihr neues Domizil beziehen konnten. Von diesem Zeitpunkt an wandten sie sich dem Garten zu.

Er gebürtiger Christianenhofer, sie eine geborene Neubrandenburgerin – beide mit viel Sinn und Freude an der Gartenarbeit. Das riesige, in die Landschaft übergehende Anwesen hinter dem Schafstall war dann aber doch etwas ganz anderes, als der knapp 400 Quadratmeter große Garten, den sie zuvor jahrelang gemeinsam im mecklenburgischen Burg Stargard bewirtschaftet hatten. »Es war nicht einfach, von der kleinen in die große Dimension umzudenken«, erinnert sich Regina Klaus an die Anfänge ihrer Gartengestaltung in Christianenhof. Dass einzeln gepflanzte

◂ Das Tor zur Tenne mit Pfingstrosen und Kletterrosen »Ilse Krohn Superior«

Regina und Erwin Klaus genießen am Vormittag ihren Tee.

Die Sonnenuhr und die Kopfskulptur wurden von Toralf Jaekel aus Christianenhof geschaffen.

▸ Eine Hummel im Anflug auf eine der vielen Wildrosen

Gehölze auf etwa 12 000 Quadratmetern kaum zur Geltung kommen, mussten sie erst lernen. »Wir pflanzen jetzt gleich in Gruppen«, erklärt sie, »die lassen sich, wenn sie dann die entsprechende Größe erreicht haben, immer noch ausdünnen.« Richtig systematisch, versichert Regina Klaus, hätten sie trotzdem erst seit 2005 auf dem Areal gegärtnert, seitdem ihr Mann sein Berufsleben beendet hat und zu Hause ist. Gemeinsam haben sie sich viel angelesen und geplant. Ihr ausgeprägtes Vorstellungsvermögen »wie etwas einmal aussehen kann« kam ihnen da zugute. »Man pflanzt vom Haus aus«, lernten sie dabei, »denn das Haus gibt die Struktur vor«. Ein Blick auf die für Besucher gefertigte Gartenskizze verrät, wie das zu verstehen ist. Ein kleiner Bauerngarten hinter dem Haus hätte bei der stattlichen Größe des Gebäudes wie ein Vorgarten gewirkt. Großzügigkeit im Garten wertet zugleich das Gebäude auf.

Vor einiger Zeit begann Regina Klaus an der Technischen Universität Berlin noch ein Kunstwissenschaftsstudium und belegte ganz bewusst einige Semester Denkmalpflege mit Spezialisierung Garten- und Landschaft in der Kulturgeschichte. »Für mich ist das ideal«, sagt sie, »so habe ich die Möglichkeit, erworbenes theoretisches Wissen am praktischen Beispiel im eigenen Garten zu erproben.« Aus einer Semesterarbeit heraus ist die durch die tmu Tourismus Marketing Uckermark GmbH zielstrebig in die Tat umgesetzte Idee entstanden, ein eigenes »Offene Gärten«-Projekt für die Uckermark anzuregen. Dem skeptischen Stirnrunzeln ihrer Kommilitonen bei dieser Idee konnte Regina Klaus so mit dem erfolgreichen Gegenbeweis begegnen. Schon 2011, als sich zum ersten Mal sehenswerte Gärten der Uckermark für Besucher öffneten, hatten weit über dreißig Hobbygärtner ihre Teilnahme zugesagt und zahlreiche Gäste begrüßen können. Organisiert von der tmu in Prenzlau sind »Offene Gärten Uckermark« inzwischen zu einer festen Größe unter den touristischen Angeboten der Region gediehen. Hier gewissermaßen »Vorreiter« zu sein, spornte Regina und Erwin Klaus

Links: Die angepflanzte Hainbuchhecke unterstützt die Absicht, den Garten in Räume zu teilen.

Rechts: Von Mohn umgeben ist die Skulptur »Plantomorph« von Toralf Jaekel.

bei ihrer eigenen Gartengestaltung zusätzlich an. Vor ein paar Jahren hätte sie eine Gartenreise nach England unternommen, erzählt Regina Klaus, »die hat für mich einiges an Erkenntnisgewinn gebracht, was wir jetzt für uns nutzen«. Zunächst dicht zu pflanzen, also »zu klotzen und nicht zu kleckern«, damit sich später, nach dem gezielten Herausnehmen die gewünschte Wirkung entfalten kann, sei ein Beispiel dafür, was sie dabei gelernt hätten. Darüber hinaus sollten im Garten möglichst keine kahlen, unbewirtschafteten Flächen belassen werden, um unerwünschten »Unkräutern« keinen Raum zur gewähren. Die großzügige Gestaltung in gedanklichen Räumen sei ein weiteres Beispiel. Instinktiv habe sie schon immer »in Räumen gärtnern« wollen, sagt Regina Klaus, doch nachdem sie an praktischen Beispielen sehen konnte, wie das zweckmäßig umgesetzt werden kann, fließen diese Erkenntnisse wesentlich zielgerichteter in die weitere Gestaltung in Christianenhof ein. Da wundert es wenig, dass aus dem kleinen Bauerngarten, an den am ehesten heute noch der mächtige Walnussbaum hinterm Schafstall, die Reste einer Buchsbaumbegrenzung und die Obstbaumwiese erinnern, inzwischen längst ein kleiner Park entstanden ist, dessen Übergänge in die Landschaft fließend sind. Die Bezeichnung »Landschaftsgarten« trifft wohl am ehesten, was Gäste bei einem Besuch des Anwesens heute erwartet. Ob auf einem geführten Rundgang oder allein, dank der von Erwin Klaus selbst gefrästen Beschilderung ist die Orientierung in dem sich in süd-westlicher Richtung hinter dem Schafstall ausdehnenden Landschaftsgarten nicht schwer.

Bei Familie Klaus hat sich die Teezeit um 10.30 Uhr eingebürgert. »Da wird gemeinsam besprochen, was anliegt und was als nächstes im

Garten zu erledigen ist«, erzählt Erwin Klaus und versichert, dass ihm die Arbeit draußen noch nie Last, sondern stets Freude gewesen sei. Besonders am Herzen liegt ihm der knapp 500 Quadratmeter große Teich im hinteren Bereich des Gartens, der sich malerisch vor einer Pappelreihe ausbreitet. Die gewaltigen Pappeln markieren jetzt noch die schnurgerade Grenze zwischen Landschaftsgarten und Feldflur. Wenn sie einmal abgängig sein sollten, werden zwei kleine, links und rechts schon angelegte Nadelwäldchen den Blick wie die aufgezogenen Vorhänge eines Theaters in die Weite der sich zwischen ihnen ausbreitenden Landschaft lenken. »Um in einen Landschaftsgarten dieser Größe eine gewünschte Struktur zu bekommen, muss er mindestens zehn Jahre zielgerichtet entwickelt werden«, meint Regina Klaus. Vorgegeben durch die ganz bewusst bepflanzten und gestalteten verschiedenen Gartenräume ist die gewünschte Struktur in Christianenhof inzwischen bereits erlebbar, auch wenn wichtige Gestaltungselemente wie die zentral gelegene Laubbaumallee erst noch an Größe und Höhe gewinnen müssen. Die Absicht, dem wenig bewegten, fast ebenen und nur zur Feldflur hin etwas ansteigenden Landschaftsgarten durch die Bepflanzung mehr Abwechslung zu verleihen, ist geradezu vorbildlich umgesetzt. Der Landschaftsgarten bietet dem Betrachter schon jetzt beinahe auf Schritt und Tritt neue überraschende Ansichten und Einsichten. Ein akkurat angelegter Küchen- und ein Kräutergarten sind ebenso unauffällig in die Gesamtanlage integriert wie die biologische Kläranlage für das Wohnhaus fast unsichtbar ihren Platz erhielt.

Dort, wo sich Gartenräume zu kleinen Wiesen öffnen, ziehen Gartenskulpturen der Künstler Toralf Jaekel und Ulrike Rösner die Blicke auf

Der Steg führt weit in das Biotop hinein. Hier kann die Seele Ruhe finden.

Links: Ein stilles Plätzchen unter dem Lindenbaum mit Pfingstrosen.

Rechts: Für die Stangenbohnen wurde eine Kletterhilfe geschaffen. Dahinter blüht die Wildrose »Multiflora«.

sich. In den weiß und rosa blühenden Wildrosenhecken summen die Bienen. Meisen huschen durchs Geäst und Schwalben kurven im rasanten Flug um die halbhohen Sträucher und Bäume. Verborgen hinter Hecken, manchmal – wie die »Liebesbank« – auch mitten auf einer Wiese stehend, laden Sitzgelegenheiten zum Verweilen ein, um die vielfarbige Blumen- und Blätterpracht und die Ruhe in vollen Zügen genießen zu können.

Persönlich notiert

Erwin Klaus: »Das A und O der Gartenarbeit ist vernünftiges Gartengerät. Ein kleiner Rasenmäher nützt ab einer bestimmten Größe einfach nichts mehr, da muss es dann ein Rasentraktor sein. Das erleichtert die Arbeit, spart Nerven und Zeit, die an anderer Stelle besser investiert sind, denn eigentlich gibt es übers Jahr im Garten immer etwas zu tun und zu verbessern. Nichts ist vollkommen und ein Garten sowieso nie.«

Reisetipps des Gärtnerehepaares

Geöffneter Garten

Stangenweg 3, OT Christianenhof, 17291 Nordwestuckermark, Tel.: 039852-3699, E-Mail: rueklaus@t-online.de (Außerhalb der Tage der »Offenen Gärten« sind Besuche nach telefonischer Absprache möglich.)

Links: Die Decke des Gartenateliers bietet sich an, um Samen zu trocken, der dann fein säuberlich in Tüten aufbewahrt wird.

Rechts: Der rote Schlafmohn ist eine einjährige krautige Pflanze.

Sehenswertes in der Nähe?

Der »Gutshof der Romantik« in Bülowssiege mit seinen aus Feldsteinen und Klinkern errichteten Gebäuden ist einen Abstecher wert. Dort im Rahmen der Uckermärkischen Musikwochen eines der Scheunen-Konzerte zu hören, ist ein besonders eindrucksvolles Erlebnis.

Wo lässt es sich gut essen und trinken?

Gepflegte Gastlichkeit ist insbesondere im Gasthof »TENZO« in Triepkendorf Ehrensache. Wir können die bodenständige, natürliche und ehrliche Küche dort nur empfehlen. Näher gelegen ist das Restaurant »Alter Bahnhof« in Fürstenwerder.

Was tun bei Regen?

Nicht nur bei Regen empfiehlt sich ein Atelierbesuch bei unserer Nachbarin, der Malerin und Grafikerin Christina Pohl, oder ein Stück weiter, bei Toralf Jaekel, einem Bildhauer. In Fürstenwerder sind die Heimatstuben besuchenswert, und der ungewöhnliche Bücherladen von Nils Graf ist eine wahre Fundgrube.

Extra

Als besonderen Service für ihre Besucher bieten Regina und Erwin Klaus Stecklinge und Samen aus ihrem Garten an. Da sie natürlich nicht ganzjährig zur Verfügung stehen, wird für Freunde der »Offenen Gärten« auch auf Bestellung versandt.

Der Garten ums Haus

Anke Stohs lässt in ihrem Genießergarten in Wichmannsdorf Erinnerungen wachsen.

Anke und Jürgen Stohs in Wichmannsdorf genießen es, zusammen hinter dem Haus unter ihrem Walnussbaum zu sitzen – zum Kaffeetrinken, zum Grillen oder einfach nur zum »Klönen«. In ihrem Garten ist es der beliebteste Platz und das hat seine Bewandtnis. Nicht nur, dass man windgeschützt sitzt und einen schönen Rundblick auf das Haus mit vorgebauter Terrasse, auf den im Hintergrund aufragenden Kirchturm und den Hang hinab durch die Birken hindurch auf die beliebte Badestelle am Wichmannsdorfer Haussee hat. »Der Baum ist unser Hausbaum«, versichert Anke Stohs. Sohn Benedikt habe ihn zum dritten Geburtstag von seiner Oma Doris bekommen. Diesen Keimling aus seinem Geburtsjahr hat er mit ihr zusammen in ihrem Garten ausgegraben und mit Hilfe seiner Eltern auf dem Hof gepflanzt. Der Baum ist ordentlich gewachsen. Längst entwickelt er sich zum Schattenspender, und der erwachsene Sohn hat inzwischen schon eine eigene Wohnung. Anke und Jürgen Stohs sind gebürtige Uckermärker, »richtige Landeier«, wie sie lachend betonen. »Wenn wir mal n' Wochenende in einer größeren Stadt verbringen, dann sind wir immer froh, wenn wir wieder zurück sind.« Die Beschaulichkeit des Landlebens, wo jeder jeden kennt, wo noch Zeit für den Plausch über'n Gartenzaun ist und überhaupt viel Zeit im Garten und an der frischen Luft verbracht wird – das ist ihre Welt. Deshalb war es auch keine Frage, 1995 das Grundstück der Eltern von Jürgen Stohs, noch dazu mit Seeblick, zu übernehmen und sich hier ihr eigenes Heim zu schaffen. Das ist alles dann allmählich gewachsen, immer gerade so, wie es sich ergeben hat und mit viel eigener Kraft. Man improvisiert und hilft sich gegenseitig.

Anke Stohs erzählt: »Einen wirklichen Plan für unseren Garten hatte ich nicht. Darum ist er im Grunde auch so, wie er sich durch die verschiedenen Baumaßnahmen am Haus ergeben hat und gestalten ließ«. Sie liebt Pflanzen. Die Blumenliebe hätte sie von ihrer Mutter vermittelt bekommen. Stauden, besonders Hortensien, mag sie. Nach

◄ Ein ausgedienter Schaukelstuhl hat unter dem Trompetenbaum ein lauschiges Plätzchen gefunden.

Anke und Jürgen Stohs am individuell gestalteten Eingang zum Gartengrundstück

Links: Nach getaner Arbeit

Rechts: Zimmervermietungen in sonniger und geschützter Lage sind im Insektenhotel jederzeit möglich.

dem Grau des Winters sehnt sie sich nach der frischen Farbigkeit der ersten Blüten. »Die guck ich mir im Frühling regelrecht aus der Erde.« Immer wenn sie etwas Schönes entdeckte oder wenn sie eine neue Pflanze bekam – die bei ihr alle nach denen benannt werden, die sie einst mitgebracht haben und so stets mit Geschichten über ihre Herkunft verbunden bleiben – fand sich ein Platz im gepflegten Garten. Ganz so willkürlich, wie sich das zunächst anhört, ist dieses Prinzip allerdings nicht. Man spürt die ordnende und arrangierende Hand der ausgebildeten Floristin. Das kleine Detail gilt mehr als die großartige Wirkung, die sich irgendwann eher von selbst ergibt. Ihr Stolz sind ein etwa achtjähriger Trompetenbaum, der immer dunkel austreibt und dann grün wird, später wunderschöne große, weiße trichterförmige Blüten trägt und ein beachtlicher Cornus Venus auf der fast schattenlosen Grasfläche des Vorgartens zur Seestraße hin. Der Blumenhartriegelstrauch trägt Ende Mai zahlreiche, im Durchmesser gut 13 Zentimeter große Blüten und setzt mit der Farbigkeit seiner Blätter im Herbst ganz eigene Akzente.

Zu seinem 40. Geburtstag hat Jürgen Stohs einen Mammutbaum geschenkt bekommen, der fühlt sich an seinem Einzelstandort sichtlich wohl und wächst kerzengerade in die Höhe. Davor, am Weg zum Haus sind alte Holzstehleitern mit ein wenig Farbe zu wirkungsvollen Blumenständern umfunktioniert. Kreative Ideen, wie aus zufälligen Hof- und Scheunenfunden mit wenig Aufwand dekorativer und zweckmäßiger Gartenschmuck wird, lassen sich nicht immer auf den ersten, aber spätestens dann auf den zweiten Blick etliche im Garten entdecken. Strikt getrennt von dem der optischen Schönheit verpflichteten Blumen-, Blüten und Staudengarten liegt der Nutzgarten der Familie hinter einer dichten, übermannshohen Hecke verborgen. »Da ist auch mein Mann öfter mal gefragt«, erklärt Anke Stohs, die ansonsten fast allein den Hausgarten hegt und pflegt. »Er

Die alte Moos-Rose, umspielt von einer Staudenverbene, ziert einen Teil der Pergola im vorderen Gartenbereich.

Für die verschiedenen Salate, Fenchel und Tomaten warten in der Küche schon neue Rezepte.

ist für alles Schwere und Grobe zuständig, legt die Beete an, baut Zäune und Pergolen, pflastert Wege und Plätze und mäht den Rasen.«
Was im Garten angebaut wird, verarbeitet sie alles selbst. Dabei probiert Anke Stohs auch immer wieder gern mal etwas Neues aus und lässt ihre Besucher probieren. Neben den Standards in Form von verschiedenen Gelees und Marmeladen kommen bei ihnen auch Säfte und Sirup in vielfältigen Geschmacksrichtungen aus eigener Produktion auf den Tisch. »Nicht in rauen Mengen«, betont Anke Stohs, »die Verarbeitung muss schon noch Spaß machen.« Schmackhaft sind ihre selbstgemachten Tees aus verschiedenen Minzen, Indianernessel, Spitzwegerich und Verbene, doch der absolute »Renner« sei ihr Quittenlikör. Seit 2011 gibt es den bei ihr auch aus Holunderblüten. In gemütlicher Runde eingeschenkt, hebt schon das Verkosten schnell die Stimmung. Gern verarbeitet sie auch frischen, jungen Giersch im Salat – »der schmeckt wie eine Mischung aus Petersilie und Sellerie«. Schmunzelnd erzählt sie von ihrer »Gründonnerstagssuppe«, in die alles das hineinkomme, was andere »Unkraut« nennen. »Unser Garten«, sagt Anke Stohs, »ist eigentlich ein Genießergarten, der uns mit seinen Blüten und seinem Geschmack erfreut«. Ein Leben von und mit der Natur.

Persönlich notiert

Anke Stohs: »Einblicke in meinen Garten sind Szenen aus meiner Seele.«

Reisetipps des Gärtners

Sehenswertes in der Nähe?
Das benachbarte Boitzenburg ist mit seinem historischen Ortskern, Schloss und Marstall immer einen Besuch wert. Wer mit dem Rad unterwegs ist, kann sich in der Saison in Wichmannsdorf den lockeren Montagsfahrer-Radtouren anschließen. Wer Lust zum Mitradeln hat, findet sich 19 Uhr an der Bushaltestelle in der Ortsmitte ein.

Links: Blaue Hornveilchen und rosafarbenes Schleierkraut in trauter Harmonie

Rechts: Genuss aus dem eigenen Garten

Links: Leuchtend gelbe Riesen-Flockenblume und Lavendel

Rechts: Kess schaut der rosa Sonnenhut um die Ecke.

Wo lässt es sich gut essen und trinken?
Von Freitag bis Sonntag hat das »Café Eigenart« in Wichmannsdorf geöffnet. Den großen Hunger kann das Klostercafé in Boitzenburg stillen und zum Dessert empfehlen wir die Einkehr in der »Mocca-Milch-Eisbar« in Boitzenburg mit vielen, auch ungewöhnlichen Eiskreationen.
Was tun bei Regen?
St. Marien auf dem Berge in Boitzenburg hat sich in den letzten Jahren richtig herausgeputzt. Wer bei einer Turmbesteigung die unteren Lamellen aus den Fenstern entnimmt (anschließend wieder einlegen!), hat einen wundervollen Ausblick. Zudem ist die ehemalige Patronatskirche mit ihrer Ausstattung wie ein Spiegel der Geschichte.
Im Wichmannsdorfer Café Eigenart kann man sich auch nach Patchwork-Kursen erkundigen.

Extra
Rezept Gründonnerstagssuppe:
Dieses Rezept gibt es seit Jahrhunderten und es hat auch seine Symbolik. Die Suppe wird aus den ersten Kräutern im Frühling gekocht und soll Kraft und Gesundheit für das ganze Jahr geben. Pro Person je eine Hand voll frischer Kräuter von Bärlauch, Brennnessel, Knoblauchrauke, Schafgarbe, Spitzwegerich, Vogelmiere und Giersch nehmen. Kräuter grob zerkleinern. Eine in Würfel geschnittene Zwiebel andünsten, Kräuter hinzufügen, mit etwas Gemüsebrühe ablöschen, zehn Minuten leicht köcheln lassen und dann pürieren. Mit Salz, Pfeffer und Muskat würzen und mit Sahne verfeinern. Wer mag, kann die Suppe mit Gänseblümchen garniert servieren.

Kugelköpfiger Lauch sonnt sich zwischen vielen anderen Stauden und Gräsern.

Der Kunstgarten als Abbild der Natur

Im Thomsdorfer Kunstkaten von Dagmar und Hubert Ilchmann sind Galerie und Garten vereint.

Der Thomsdorfer Kunstkaten ist eine gute Adresse. Wer einmal hier war, der kommt wieder oder empfiehlt ihn weiter – und das aus gutem Grund. Es ist dieses angenehme Gefühl, geborgen und in der Natur zu sein, das jeden Besucher sofort umgibt, der Galerie und Garten betritt. Hubert und Dagmar Ilchmann haben sich am Rande der Feldberger Seenlandschaft ab 1989 einen Lebenstraum erfüllt, als sie das Anwesen erwarben. Die Region war ihnen da schon längst vertraut. Jahrzehntelang hatten die beiden – damals noch als Berliner – in der Gegend immer wieder und gern ihre Ferien verbracht und fühlten sich im Carwitzer Kulturkreis, zu dem seinerzeit auch die Malerin, Grafikerin und Hochschullehrerin Gabriele Meyer-Dennewitz und der Kinderbuch-Illustrator Gerhard Lahr gehörten, gut aufgenommen und wohl. Die Idee, sich als Galeristen gerade hier anzusiedeln und den Lebensunterhalt zu verdienen, klingt trotzdem ziemlich gewagt. Rückblickend sagt Hubert Ilchmann heute über ihre Motivation: »Auf bestimmte Faszinationen im Leben darf man nicht warten, man muss sie sich schaffen, sie gestalten, in ihnen leben und andere an ihnen teilhaben lassen.« Wie recht die beiden Thomsdorfer damit haben, das erlebt heute jeder ihrer Besucher auf ganz individuelle Weise. Auf eine »generalstabsmäßige« Planung haben sie bei der Umsetzung ihres Traumes vom Leben und Arbeiten auf dem Lande bewusst verzichtet. Im Laufe der Zeit hat sich vieles sozusagen aus sich selbst heraus entwickelt. »Die Zeit materialisiert sich selbst«, bringt Hubert Ilchmann diese Herangehensweise auf den Punkt und verweist schmunzelnd auf einen in der Nähe der Obstwiese aufgestellten, sprudelnden Brunnen, der jedem Besucher sofort auffällt. Der an ihm angebrachte schlichte Reim zum Verhältnis von »Zeit und Eile« lautet: »Verweile, verweile, mahnt die Zeit die Eile. Doch die springt keck über sie hinweg und ohne es zu wissen wird sie sehr bald die Zeit vermissen.«

Von Anfang an haben sich Ilchmanns bemüht, die direkten Eingriffe in die vorhandene Natur auf dem Grundstück so gering wie möglich zu halten.

◂ Kraniche begrüßen die Besucher am mit vielen Stauden umgebenen Teich.

Dagmar und Hubert Ilchmann leben ihre Gartenträume aus.

Skulpturen und Kunstobjekte, wohin man sieht

Von daher wirkt heute alles idyllisch und naturbelassen und hat eine angenehm ruhige, romantische Atmosphäre. Die zu Grunde liegenden, klaren Gestaltungsabsichten bleiben verborgen. »Außer ein paar alten Obstbäumen und Acker haben wir nichts vorgefunden, als wir angefangen haben.« Zusammen mit dem Wohnhaus entstand der Teich dahinter. Auf die vom Wasser ausgehende, ganz eigene Faszination wollten sie in ihrem Garten auf keinen Fall verzichten. Der natürlich angelegte Teich lässt sich heute vom Obergeschoss der Galerie durch den verglasten Giebel in seiner ganzen Ausdehnung bewundern. Nach und nach entwickelte sich der stets offen gehaltene Garten durch die angepflanzten Bäume, Sträucher und Blumen und die immer zahlreicher in ihm platzierten Kunstobjekte zu einer Fortsetzung dessen, was der Besucher in der Galerie erleben kann. Wie die dort wechselnden Bilder und Objekte der von den Galeristen vertretenen Künstler ist der Garten so selbst zu einem sich ständig wandelnden, gleichermaßen Ruhe ausströmenden wie inspirierenden Bild geworden.
Was als Einheit gedacht ist, als »verlängerter Galeriebesuch im Freien«, hat sich mittlerweile schon zum eigenständigen »Gartenbild« verselbstständigt. Die beständige Veränderung dieses »Bildes« ist für die Ilchmanns Teil der Faszination, ein immer wieder neues Wechselspiel von neuen Ideen und Inspirationen. Oft sind es mit ganz einfachen Mitteln vorgenommene kleine Veränderungen, einfachste Dinge, die im Umfeld des gewählten Platzes im Garten mit einem Mal verblüffende Wirkungen entfalten. Der Duft einer einzeln gepflanzten Duftrose etwa, der vielleicht an Kindheit erinnert, den Gartenbesuch zu einem besonderen Erlebnis werden lässt und so in Erinnerung bleibt. Auf den knapp 1500 Qua-

Links: Einladung zur »kleinen Rast«

Rechts: Unzählige Glocken sorgen für ein »Sommerläuten«.

dratmetern zugänglichen Gartens verteilt, gibt es zahlreiche Rosen, aber diese eine bleibt dann im Gedächtnis, weil sie berührt hat, weil sie in ganz besonderer Weise die Sinne, letztlich das Fühlen und Handeln angesprochen hat. »Wenn das so wirkt, dann ist viel gewonnen, und wir können sicher sein, dass wir weiterempfohlen werden.«
Durchaus nicht jeder, der durch den Garten des Kunstkatens wandelt, will angesprochen werden. »Der Garten ist ein von uns bewusst geschaffener Rückzugsraum. Den nehmen gerade Großstädter gern für sich in Anspruch, weil sie so etwas in der lauten, unruhigen Stadt nicht finden.« Von daher würden sie die Wirkung stets an sich erproben, sich bei jeder Änderung zunächst fragen, wie sie die eigene Befindlichkeit berührt. Erst wenn sich dann ein neues Objekt harmonisch in das Gesamtbild einfügt, wenn es sich leicht und angenehm dem Betrachter erschließt, ist der Platz richtig gewählt. Fest gefügte Wegbeziehungen gibt es im Garten der Ilchmanns nicht. Wie gelaufen wird, erschließt sich aus der Anordnung der Kunstobjekte und dem zwangsläufig vom Besucher zu umrundenden Teich, wenn er neben der Galerie auch die Ausstellungen in den beiden Gartenpavillons sehen will. Für den Betrachter ergeben sich förmlich auf Schritt und Tritt immer wieder neue, geradezu verzaubernde Momente. In diese Harmonie von Abbild und Wirklichkeit fügt sich im hinteren Bereich wie zufällig der Klang eines in einer Baumkrone hängenden Windspiels ein. Auffällig an ihm ist die beruhigende Sanftheit der Töne, die völlig im Gegensatz zum nervenden »Klingklang« gewöhnlicher Windspiele eher an das Säuseln des Windes in einer Äolsharfe denken lässt.
Wo es sich anbot, sind die Galerie und der Garten in »ideell vergegenständlichter Weise« durch

Bitte nicht füttern

◂ Hier lässt es sich auch länger verweilen – mit Blick auf die Galerie.

Blütenpflanzen miteinander verbunden. So deutet die Malve im Garten auf Gabriele Meyer-Dennewitz. Sie findet sich in vielen ihrer Bilder. Gerhard Lahr dagegen hatte eine besondere Vorliebe für die Glockenblume, von der er einmal tiefsinnig sagte: »Alles was groß ist, müsste gemessen werden an der kleinen blauen Glockenblume«. Doch es gibt noch weit mehr zu entdecken. Aus im Nachhinein an sie gesandten Briefen und von Fotos, die dann oft von den Besuchern beigefügt werden, wissen Dagmar und Hubert Ilchmann, dass ihr Garten positive Emotionen zu wecken vermag. Das macht sie stolz und sicher, dass es immer wieder neue Gäste zu ihnen ziehen wird, die ein wenig verweilen, entspannen und Dinge entdecken wollen, die das Leben schöner machen. Manchmal sei aber auch er sprachlos, scherzt Hubert Ilchmann. Etwa wenn eine zufällig liegen gelassene Heckenschere die Frage eines Besuchers provoziert, welche Bedeutung dieses Kunstobjekt hätte … Das könne schon vorkommen! Er strebe nun mal im Garten keine Perfektion an, sagt er, das wäre in seinen Augen »glücklich machende Langeweile« und das hätte die Natur nicht verdient.

Persönlich notiert

Hubert Ilchmann: »Einerseits sind Gärten Rückzugsräume für das eigene Wohlergehen, andererseits sind sie unerschöpfliche Quelle der Inspiration. Sie berühren all unsere Sinne, beeinflussen unser Denken und Handeln und somit die Ergebnisse des eigenen Tuns. Dabei stehen Natur und Kunst immer in einem besonderen Wechselspiel zueinander. Die verschwenderische Fülle, mit der uns die Natur so großzügig und selbstlos beschenkt, sollte uns beschämen, wenn wir bedenken, wie wir Menschen allzu oft mit ihr umgehen.«

Die Hortensie ist ein farblicher Blickfang.

Reisetipps des Gärtners

Geöffneter Garten

Thomsdorf Nr. 42, OT Thomsdorf, 17268 Boitzenburger Land, Tel.: 039889-4735, www.thomsdorfer-kunstkaten.de

Sehenswertes in der Nähe?

Ein Besuch der Krüseliner Mühle, verbunden mit einer Boots- oder Kanufahrt ist ein besonderes Erlebnis. Die Museumsschule in Hardenbeck ist eine liebevoll geführte Einrichtung, bei deren Besuch so manche Erinnerung wach wird.

Wo lässt es sich gut essen und trinken?

In Thomsdorf findet der Besucher das »Café Kostbar« sowie das Hotel »Haus Thomsdorf«. Gern empfehlen wir das Restaurant im Hotel Hullerbusch zwischen Carwitz und Wittenhagen und in Carwitz das Gasthaus »Mitten im Dörp«.

Was tun bei Regen?

Nicht nur bei trübem Wetter empfehlen sich Besuche des Hans-Fallada-Hauses in Carwitz und in der Kunsthalle in Wittenhagen.

Ein Baum voller Hühnergötter – nur der Strand fehlt

Ein Garten im Wald

Zu Gast bei Elfen und Kobolden im Waldgarten von Cornelia Herwig in Kastaven

Ein wenig geheimnisvoll wirkte das schon, doch die Stimme der Frau am anderen Ende der Leitung klang freundlich. Man solle sie von Retzow abholen und von dort mit ihr gemeinsam fahren. Also auf nach Retzow, einem rings nur von Wald und ausgedehnten Heideflächen eingeschlossenen Ortsteil der Stadt Lychen. Links und rechts der einzigen, schnurgeraden Straße reihen sich schmucke Ein- und Zweifamilienhäuser. Unterbrochen wird die Kette nur vom Friedhof und der mitten auf ihm stehenden Kirchenruine. Sie ist die eigentliche Attraktion des ansonsten beschaulichen Ortes. »Wüste« Kirchen und um sie rankende alte Sagen und Geschichten sind in der Uckermark zwar nicht gerade selten, aber wohl keine liegt so inmitten einer Ortslage. Das kleine, rechteckige Gemäuer mit seinen schmalen, spitzbogigen Fensterschlitzen, den fehlenden Portalen und hohen, schlichten Feldsteingiebeln stammt wohl noch aus der Entstehungszeit des Ortes im 13. Jahrhundert. Der wurde 1440 bei einem der zahllosen Grenzstreitigkeiten zwischen den Herzögen von Mecklenburg und den Markgrafen von Brandenburg niedergebrannt und lange Zeit nicht wieder aufgebaut. Allein die Ruine blieb über die Jahrhunderte so wie sie war und gilt heute als mittelalterliche Sehenswürdigkeit. Zum Dorfausgang hin wohnen Cornelia und Gottfried Herwig, der dort auch eine Autowerkstatt betreibt. Cornelia Herwig steigt zu. Es geht nun immer geradeaus, vorbei an blühenden Heideflächen, bis der Wald zur Linken immer dichter wird und beinahe Kastaven erreicht ist, ein zu Retzow gehörender Wohnplatz am Großen Kastavensee. Es geht links ab auf einer Schneise hinein in den Kiefernhochwald und nach einer Weile erneut nach links. Hinter einer niedrigen Umzäunung stehen drei Ferienhäuser, die mit ihren Namen auf den sie umgebenden Garten verweisen: »Nigella«, lateinisch für »Jungfer im Grünen«, »Calluna«, das hier reichlich wachsende Heidekraut, und – etwas abseits – »Annabelle«, die Waldhortensie. Eine solche Pflanze hätte sie

◂ Links: Gäste werden mit einem Arrangement aus Schneeballhortensie »Annabelle« und Eisbegonien »Volumia Pin« empfangen.

Cornelia Herwig ist stolz auf ihre Rispenhortensie.

Links: Eine schöne Idee: Hier kann das Fleißige Lieschen verträumt schaukeln.

Rechts: Es gibt viel zu entdecken und zu tun.

von ihrer Schwägerin geschenkt bekommen, erzählt Cornelia Herwig und sie würde wunderbar gedeihen, mitten im Hochwald, in dem Cornelia Herwig seit 2002 zur Freude ihrer Feriengäste allmählich ihren »Waldgarten« wachsen lässt. Neben Fingerhut, Veilchen, Immergrün, Vergissmeinnicht und klassischen Waldpflanzen wie Farnen, Waldsauerklee, Waldmeister und Walderdbeeren probiert Cornelia Herwig auch viel aus. »Rosen wachsen nicht so«, bedauert sie, dafür gedeihen Rhododendren in Weiß, Rosa, Gelbrot, Rot und sogar Lila. Rosafarbene Azaleen, kleine weiße Alpenveilchen und zarte Schmetterlingsblumen setzen Farbtupfer. Und dass man sich hier aus Pfefferminze und Zitronenmelisse seinen eigenen, frischen Tee bereiten kann, wird so mancher Gast zu schätzen wissen.

»Für mich ist bei der Gestaltung weniger mehr«, erklärt Cornelia Herwig. Zum einen ist die wirklich gedeihende Pflanzenauswahl bei diesen Lichtverhältnissen beschränkt und zum anderen sollen den Gästen noch genügend Freiflächen auf dem gut 3000 Quadratmeter-Anwesen bleiben. Selbst die verwendeten Gestaltungsmittel wirken »waldgerecht«, wie zufällige Fundstücke, die neue, verblüffende Funktionen erhalten. Eine alte Schuppentür mit Rahmen wurde himmelblau gestrichen und mit passenden Einlegebrettern versehen zum Regal. Eine zwischen Bäumen aufgehängte Holzluke dient als praktische Blumenampel. »Alles was zu sehen ist, ist selbst gemacht und erdacht«, versichert Cornelia Herwig und verweist auf das aus alten Ziegeln entstandene Hochbeet voller Petersilie als einen Teil des Kräutergartens, ein aus alten Bruchsteinen und Holzstücken entstandenes Insektenhotel und einen kleinen Barfußpfad. Auch ein kleiner Gartenteich und zahlreiche, lauschige Ruheplätze laden zum Genießen und gemütlichen Sitzen ein.

Die Hauptarbeit mache ihr der Garten nach dem Winter, im März und April, bevor die Urlaubssaison beginnt, so Cornelia Herwig. Zwischen-

Links: Eine Bereicherung für Feriengäste ist der angelegte Barfußweg.

Rechts: Meist gleich vernascht werden die leckeren Waldbrombeeren.

durch scheinen die Waldkobolde ihr hilfreich zur Seite zu stehen. Wie viele es inzwischen sind, weiß sie gar nicht zu sagen, aber wer ein wenig auf die kleinen, lustigen Keramikwaldgeister achtet, die sich überall im Garten verstecken, wird wohl bald merken, dass irgendeiner von ihnen immer in der Nähe ist. Eigentlich, verrät sie uns, seien ihr Waldgarten und die Ferienhäuser »aus der Not heraus entstanden«. Als sie als gelernte Bauzeichnerin und später Verkäuferin arbeitslos wurde, wollte und musste sie etwas machen, um nicht zu Hause zu sitzen. Die Ferienhausvermietung einschließlich gelegentlich notwendiger kleinerer Renovierungen bis hin zum Tapezieren, der Garten und ihr Fotografie-Hobby, das sei auch ein Stück Neuanfang gewesen.

Wer sich nun aber zutraut, den Waldgarten ohne Hilfe zu finden, dem sei zumindest gesagt, dass er bereits zur Gemarkung Kastaven gehört, die nicht zu verwechseln ist mit Castavel, einem wohl einst mit dem alten Retzow um 1440 untergegangenen Dorf, von dem ein paar Kilometer weiter mitten im Wald nichts weiter mehr als das spitzbogige Portal des Friedhofes erhalten geblieben ist. Da die Gegend obendrein lange Zeit militärisches Sperrgebiet war, sorgt bis heute dafür, dass es noch immer so manche Geschichte zu entdecken gibt.

Persönlich notiert

Cornelia Herwig: »Das geflügelte Wort ›Blumen sind Sterne des Tages‹ bringt wunderbar zum Ausdruck, wie ich beim Gärtnern empfinde.«

Reisetipps des Gärtners

Geöffneter Garten

Rübezahlweg 26 (OT Retzow), 17279 Lychen, Tel.: 039888-2566, www.ferienhaus-herwig.de

Sehenswertes in der Nähe?

Für einen Ausflug nach Annenwalde sollte man etwas mehr Zeit einplanen. Neben der Glashütte mit Schauwerkstatt, Ausstellung und Seminarangeboten gibt es im Ort die Schinkelkirche, etliche

Kaukasus-Vergissmeinnicht und Waldsauerklee gedeihen auf dem Waldboden gut.

Der kleine Kobold hat schon seinen Platz gefunden. Das Insektenhotel wird noch erweitert.

▸ Urlaub im Kiefernwald mit Rispenhortensie »Kyushu«, Wald-Frauenfarn und einigen Eisbegonien

Künstlerateliers, einen Bauernmarkt, den Gasthof »Kleine Schorfheide« und noch manch anderes schöne Detail zu entdecken.

Wo lässt es sich gut essen und trinken?

Von Wald umgeben, auf einer nur über eine lange Brücke zu erreichenden, herzförmigen Insel inmitten des Großen Brückentiensees liegt eine kleine Hotelanlage mit Restaurant. Schon der Weg dorthin ist ein Erlebnis. Für Kaffee und Kuchen und einen kleinen Imbiss – vielleicht auf dem Weg nach Feldberg – ist der »Rosalienhof« in Beenz eine gute Adresse.

Extra

Ein Gestaltungstipp: Nicht mehr genutzte und ausrangierte Gebrauchsgegenstände lassen sich oft noch als Gestaltungselemente im Garten verwenden. Der Phantasie sind da kaum Grenzen gesetzt. Alte Kaffeekannen, ausgemusterte Stiefel, nicht mehr gebrauchte Holzpaletten und manch anderes erhält auf diese Weise völlig neue Funktionen, so lässt auch ein geschickt platzierter alter Spiegel jeden Garten sofort größer wirken.

Exotisches in üppiger Auswahl

Die Welt ist bei Joachim Hantke am Lychener Stadtsee ständiger Gast.

Auf den ersten Blick ist der nur durch den Hausflur der Vogelgesangstraße 13 in Lychen zu betretende Garten von Joachim Hantke ziemlich gewöhnungsbedürftig. Üppiges, fast tropisch anmutendes Grün sprießt aus dem sich in Hausbreite und augenscheinlich nur von einem kerzengeraden Mittelweg erschlossenen, schmalen Gartenstreifen, der sich bis direkt an das Ufer des Stadtsees zieht. Auf der von Rissen durchzogenen, betonierten Terrasse hinter dem Haus erklärt Joachim Hantke lächelnd: »Dieses Jahr war bisher für einheimische Gewächse gut, für Exoten schlecht und für Unkraut sehr gut«. Er erzählt dann voller Selbstironie auch noch von einer netten Journalistin, die ihn auf der Suche nach einem passenden Ort für einen Gemüseartikel besuchte und ihm erklärte, dass er zwar einen interessanten Garten habe, aber vor der Aufnahme von Fotos erst einmal der Gartensteig vom Unkraut zu befreien wäre. »Ich hätte auch gern einen gepflegten Garten«, setzt er fast unmerklich achselzuckend hinzu, »aber ich schaffe es einfach nicht, obwohl ich schon immer von morgens bis abends hier wirtschafte«. Seinen Garten sollte man mit anderen Maßstäben messen. Was hier wächst und gedeiht, entfaltet seine ganze Schönheit weniger aus sich selbst oder aus besonders raffinierten Arrangements der Gartenanlage heraus als vielmehr durch die kenntnis- und erlebnisreichen Erklärungen von Joachim Hantke.

Der Gang mit ihm hinunter zur einfachen Sitzecke am Stadtsee kommt deshalb auch einer kleinen botanischen Weltreise wesentlich näher als dem Bummel durch einen Nutzgarten. Als schlichte »Nutzgärten« zur Eigenversorgung mögen die in den Grundbüchern der Vogelgesangstraße vermerkten »Hauskaveln« wohl einmal gedacht gewesen sein. Mehr wäre trotz günstiger Süd-Ost-Ausrichtung schon der Größe wegen kaum denkbar. Vielleicht ein wenig Tierhaltung. Doch wer will heutzutage den Unmut seiner städtischen Gartennachbarn durch Geruchs- oder Lärmbelästigung auf sich ziehen?! Den Status einer »Ackerbürgerstadt« hatte Lychen schließlich schon vor über 100 Jahren abgelegt – zu Gunsten der

◂ Die Mutterpflanze des feuerrot blühenden Korallenstrauchs steht in Brasilien.

Joachim Hantke am Ufer des Stadtsees

Links: Mit dem Klatschmohn gibt sich der Muskateller-Salbei ein Stelldichein.

Rechts: Kater Peace fand in Lychen eine neue Heimat.

Anerkennung als »Luftkurort« mit dem Nimbus das »Interlaken des Nordens« zu sein. Wobei der »Luftkurort« heute zusätzlich noch stolz den Titel »Flößerstadt« trägt. Doch das ist wirklich eine andere Geschichte, der man am besten beim jährlichen Flößerfest an der Oberpfuhlpromenade auf den Grund geht.

Mit knapp 450 Quadratmetern jedenfalls fällt Joachim Hantkes Garten nicht allzu groß aus. Die einzigen »Kleintiere« bei ihm sind das »Lucie« und »Peace« getaufte Katzenpärchen, dessen Abenteuer sich für Interessenten in seinem Blog unter www.anais2317.com verfolgen lassen. Er habe sie, vermittelt von seinem »Greenpeace-Freund Frank«, von einem Bauernhof in der Nähe von Meißen bekommen. »Dort wären sie nur zertrampelt worden.« Noch auf der Terrasse macht Joachim Hantke auf die ersten, stattlichen Exoten seines Gartens aufmerksam, zwei Bananenstauden, die zwar ganzjährig wachsen, die Lychener Winter aber trotz des für uckermärkische Verhältnisse milden Mikroklimas ohne rechtzeitige Abdeckung wohl nie überstehen würden. Ähnlich geht es ihm mit der Iris. Die Liebe zu diesen herrlichen Pflanzen hat der 1943 in Lychen geborene in der Zeit für sich entdeckt, als er noch an der Gewerkschaftshochschule »Fritz Heckert« in Bernau tätig war. Die dort zum ersten Mal gesehene Japanische Prachtiris wollte er unbedingt haben. Jetzt wächst sie in seinem Garten, in einem eigens für sie geschaffenen, naturnahen Becken, mit spezieller Erde versorgt und stets schon im Spätsommer wieder unter schützender Folie verborgen. Dagegen wirken die rosafarbenen Pfingstrosen in seinem Garten beinahe profan, doch sind sie schon über 50 Jahre alt und gewissermaßen eine Erinnerung an seine Großmutter Hanna Hackert, die, so sagt er, bei ihm die Liebe zur Natur geweckt hätte. »Pfingstrosen sollten möglichst nicht verpflanzt werden«, sinniert er und weist auf die rosa und weiß leuchtenden, schalenförmigen Blüten seiner Päonien. Manches wachse wirklich »ganz von allein«. So wie der auch Blauer Helmrittersporn genannte

Besonderen Schutz benötigt die Bananenstaude im Winter.

Links: Bis der Hokkaido-Kürbis geerntet werden kann, muss er noch kräftig wachsen.

Rechts: Ein weiterer Exot ist die Frucht des Maiapfels. Beheimatet ist er im Himalaja.

Feldrittersporn, der sich dort, wo einst der kleine Hühnerhof der Großeltern gewesen ist, immer wieder von selber ansamt.

Manch einer sieht ihn als »Ackerunkraut« an, Joachim Hantke lässt ihn gewähren und freut sich an dem Blau seiner Blüten. Ein weiterer Exot in seinem Garten ist die Syrische Seidenpflanze. Das sei eine der winterharten Seidenpflanzenarten, die er auch am Fallada-Haus in Carwitz schon entdeckt hätte, erklärt er und setzt schmunzelnd hinzu: »Die zimtroten Blüten duften so phantastisch, dass beinahe jede Dame schwach wird.«

Eine nicht zu übersehende weitere Passion des Gärtners sind Orchideen. Er zeigt eine ganze Reihe von Freilandorchideen in seinem Garten. Angefangen hätte das einst mit einem schon vor der Wende aus Weimar mitgebrachten Frauenschuh-Ablegers, erzählt er. Dann weist er auf den »Sumpfständelwurz« und auf den »Amerikanischen Königsfrauenschuh« in Rosa und Weiß. Erst jüngst hätte er sich von einer Tauch-Reise mit seinem Freund nach Mikronesien wieder eine Reihe neuer Orchideen mitgebracht, bei denen er schon gespannt ist, ob ihm die Anzucht in Lychen unter Zimmerbedingungen gelingen wird. Ein besonderes Schmuckstück im Garten ist zweifellos der aus Samen gezogene, feuerrot blühende große Korallenstrauch. Seine Mutterpflanze steht in Brasilien, im botanischen Garten von Porto Alegre, erzählt Joachim Hantke. So erstaunlich und ungewöhnlich die verschwenderische Pflanzenvielfalt aber auch sein mag, in erster Linie wird die »Hauskavel« als Nutzgarten bewirtschaftet. Beinahe die ganze Palette des klassischen Programms findet sich hier: Tomaten, Gurken, Zwiebeln, Kohlrabi, Möhren, mehrere Beerensorten und mit Äpfeln, Pflaumen, Kirschen und Pfirsichen auch verschiedene Obstgehölze. Das Besondere sind allerdings auch bei den Nutzpflanzen die bei Joachim Hantke in ungewöhnlicher Fülle und Auswahl wachsenden »Exoten«. Da steht eine Felsenbirne am Zaun. Die schwarzen Maulbeeren sollen erst noch süße Früchte bringen, und den baumgroßen Chinesischen Blumenhartriegel,

Blick durch den Nutzgarten auf das 1906 erbaute Wohnhaus

Der rotstielige Mangold ist reich an Vitaminen.

dessen Früchte wie Litschis aussehen und süß schmecken, nennt er der Einfachheit halber gleich »Uckermärkische Litschis«. Die Wurzeln der japanischen Speiseklette sind essbar und die fast dreieckigen Blätter des Neuseeländer Spinats können buchstäblich das ganze Jahr über abgezupft und verarbeitet werden.

Schon seit etlichen Jahren baut er neben Topinambur auch deren südamerikanische Schwester, Yacon, an und versucht sich neuerdings an der mit der Schwarzwurzel verwandten Haferwurzel. Auch Feigensträucher, Kiwi, Nashi, Inka-Gurken, Jiaogulan, Erdbeerspinat, Gemüsephysalis und Erdmandeln gedeihen in seinem Nutzgarten, um wenigstens noch einige der schmackhaften Exoten zu nennen. Dass diese Auflistung bei weitem nicht vollständig ist, beweist der Junggeselle, als er am Stadtsee Ananasminz- und Schwarznesseltee, letzteren »unbedingt mit Zitrone und Zucker« empfiehlt und probieren lässt. Der schmackhafte, fruchtige, fast pfeffrig-würzige Schwarznesseltee wird auch Perilla-Tee genannt. Zum Abschluss gibt es nicht nur den Tipp mit auf den Weg, gelegentlich mal in seinen Blog zu sehen, weil sich dort manch köstliches, selbst ausprobiertes Rezept zur nahrhaften Verarbeitung der Gartenexoten fände, sondern mit der Rezitation seines Gedichts »Die Pimpernuss« noch eine kleine literarische Einlage:

»… Wie soll ich Dich nur nennen?
Hallo, Pimpernuss, Du Kleine?
Da steigt mir ein Kribbeln in die Beine.

Sumpf-Ziest gehört zu den heimischen Pflanzen und ist am Ufer des Stadtsees ein Blickfang.

Oder Pimpernuss, Du Süße?
Das klingt wie zarte Liebesgrüße.
Sag' ich, Du alte Pimpernuss.
Gerät mein Freund wohl in Verdruss. …«

Besser ließe sich wohl kaum beweisen, dass Gärtner Joachim Hantke voller Lebenslust und Humor steckt.

Persönlich notiert

Joachim Hantke: »Getreu meinem Leitspruch ›immer Optimist sein‹ ist der Garten mir Quelle immer wieder neuer Inspirationen. Nicht nur zum Probieren kulinarischer Kreationen aus meinen exotischen Nutzpflanzen oder für meine Gartenlyrik, nein, auch als Anregung fürs Malen und auch sonst alles schöne im Leben.«

Reisetipps des Gärtners

Geöffneter Garten

Vogelgesangstraße 13, 17279 Lychen, Tel.: 039888-2317, E-Mail: joachim.hantke@congstar.de

Sehenswertes in der Nähe?

Eine Bootstour auf den Lychener Gewässern macht die Schönheiten unserer Stadt aus einem anderen Blickwinkel sicht- und erlebbar.

Wo lässt es sich gut essen und trinken?

Im Restaurant »Wurlflut« steht Herbert Duewell in der Küche. Der Meisterkoch hat kürzlich sogar ein eigenes Uckermark-Kochbuch herausgebracht.

Was tun bei Regen?

In Lychen gibt es viele kleine Ausstellungen wie die Filzwerkstatt Haus Vogelgesang oder das Keramikatelier von Michaela Ambellan.

Anhang

Karte

1 Lychen – Cottage-Garten Antje Wortmann – S. 11
2 Metzelthin – Märchengarten Familie Hollendorf – S. 19
3 Schönermark – Rosengarten Katrin Lübcke – S. 27
4 Grunewald – Kräuter- und Nutzgarten Familie Richter – S. 33
5 Groß Kölpin – Garten mit Atelier Familie Kuschnerus – S. 41
6 Suckow – Architekturgarten Karoline Jüttner und Joachim Schmidt – S. 49
7 Angermünde – Künstlergarten Familie Uhlig – S. 57
8 Kummerow – Bauerngarten Ilona Pahl – S. 65
9 Gramzow – Landschaftsgarten Familie Neumuth – S. 73
10 Prenzlau – LAGA-Park – S. 81
11 Prenzlau – Klostergarten am Dominikanerkloster – S. 89
12 Prenzlau – Hotelgarten Wendenkönig – S. 97
13 Werbelow – Mühlengarten Bettina Husemann – S. 105
14 Karlstein – Rosenhof Flemming – S. 111
15 Dolgen – Privatgarten Familie Lorenz – S. 119
16 Christianenhof – Landschaftsgarten Familie Klaus – S. 127
17 Wichmannsdorf – Privatgarten Anke Stohs – S. 135
18 Thomsdorf – Kunstgarten Familie Ilchmann – S. 143
19 Kastaven – Waldgarten Cornelia Herwig – S. 151
20 Lychen – Exotengarten Joachim Hantke – S. 157

Weitere »Offene Gärten«, Parks und Gärtnereien in der Region

Die Aufzählung versteht sich als eine ergänzende Auswahl, sie erhebt keinen Anspruch auf Vollständigkeit und bleibt damit offen für weitere, eigene Entdeckungen. Nicht alle der hier genannten Gärten, Parks und Gärtnereien konnten von uns besucht werden, deshalb musste in den meisten Fällen auf weitergehende Beschreibungen verzichtet werden.

Offene Gärten

Die jeweilige Beteiligung an den jährlichen »Offene Gärten« – Aktionen ist den aktuellen Infoflyern zu entnehmen oder zu erfragen. Dort finden sich neben den wechselnden Terminen auch alle weiteren, erforderlichen Kontaktdaten und ergänzende Beschreibungen.

Templin – Lehmann-Garten. Der Lehmann-Garten befindet sich auf dem Gelände des ehemaligen Joachimsthalschen Gymnasiums in Templin. Der liebevoll gepflegte Schul- und Lehrgarten nach historischem Vorbild ist in der Regel nur nach vorheriger Anmeldung im Rahmen einer Führung zu besuchen.

Bandelow – Privatgarten von Christa Papendorff, Bandelow 98–99. Rechteckiger Bauerngarten mit von Buchsbaumhecken eingefassten Beeten. Obstbäume, Kräuterspirale, Rosenpavillon und Rosenbögen verschönern das Gesamtbild.

Prenzlau – Gartenpark von Bärbel Schünemann in der Kleingartenanlage »Sonneneck« an den Bahngleisen. Beeteinfassungen mit Buchsbaum- und Ligusterhecken. Städtischer Nutz- und Ziergarten.

Chorin – Privatgarten von Gisela Klamann, Choriner Dorfstraße 2a. Ein ortstypischer Bauerngarten mit großer Streuobstwiese und Kleintierhaltung.

Groß Fredenwalde – Landschaftsgarten von Alard von Arnim, Groß Fredenwalde 32. Mit Wasser, Wald und Wiese sind rings um das Herrenhaus die Grundelemente eines ehemaligen Gutsparkes erhalten.

Groß Fredenwalde – Privatgarten von Evelyn Krüger, Groß Fredenwalde 40. Ein Garten, der sich vom Fuß bis auf den Kamm des Weinberges erstreckt. Mit bemerkenswerter Teichanlage.

Bad Freienwalde – Ein Besuch im »Haus der Naturpflege« und dessen Garten in Bad Freienwalde (Märkisch Oderland) macht nicht nur mit Leben und Werk Kurt Kretschmanns, des bedeutenden Naturschützers und Erfinders der Naturschutz-Eule, vertraut, sondern vermittelt auch wertvolle Anregungen zur zweckmäßigen wie abwechslungsreichen Anlage und Gestaltung von Gärten in Hanglagen.

Grimme – Privatgarten von Ursula und Gerth Schack in Grimme 14. Der gepflegte Bauerngarten mit seinen Stauden, Rasenflächen und dem alten Walnussbaum passt hervorragend zu dem alten, renovierten Bauernhof, an den er angrenzt.

Ramin – Kunstgarten »RAMINORCA« von Carola Franke in Ramin (Mecklenburg-Vorpommern). Der denkmalgeschützte Drei-Seiten-Hof verschmilzt mit dem angrenzenden parkähnlichen Skulpturengarten zu einem Gesamtkunstwerk, einer Bühne der Harmonie zwischen Natur, Lebens- und Wohnkultur.

Parks

Die hier aufgeführten Parks sind in aller Regel ganzjährig frei zugänglich.

Lenné-Park Boitzenburg – Der Boitzenburger Lenné-Park, der einst die Ortslage und Teile der Feldflur mit einschloss, gehörte zu den größten Parkanlagen, für die Peter Joseph Lenné Verschönerungspläne lieferte. Der Park ist in Teilen noch heute erlebbar. Reizvoll ist der Blick vom Apollotempel im Carolinenhain auf das beeindruckende Neorenaissance-Schloss.

Park Warbende – Sehr schöner, kleinerer, ehemaliger Gutspark. Er beeindruckt vor allem mit seinen beiden erhaltenen, säulenförmig geschnittenen Taxus-Reihen und enthält darüber hinaus eine Anzahl dendrologischer Kostbarkeiten. Darunter auch drei verschieden blühende Kastanienarten.

Lenné-Park Krumbeck (Mecklenburg) – Unweit von Warbende. Gepflegter Park mit wiederhergestellter Wegführung, mit Holzbrücken, ehemaligem Eiskeller und Begräbnisstätte. Zugehöriges Gutshaus nur in Teilen erhalten.

Lenné-Park Wolfshagen – Der weitläufige Park mit seinen Sichtachsen und Staffagen wie den vaterländischen Denkmälern, der beeindruckenden Fliesenbrücke und der mittelalterlichen Burgruine ist denkmalgerecht wiederhergestellt worden und gehört zu den besterhaltenen ländlichen Lenné-Parks im Land Brandenburg.

Malchower Labyrinthpark – Der auf einem großzügigen Gelände um die Kirche konzipierte Labyrinthpark mit verschiedenen Labyrinthen, Spielen, Bänken und Liegeflächen ist noch im Entstehen. Dem Labyrinthpark soll künftig auch ein Café angeschlossen werden.

Parkgarten Criewen – Der zu Beginn des 19. Jahrhunderts nach Plänen Lennés völlig umgestaltete Park befindet sich in einem sehenswerten, sehr gepflegten Zustand.

Gutspark Ringenwalde – Wiederhergestelltes neogotisches Erbbegräbnis, gut ausgeschilderte Wegführung. Lohnend ist ein Spaziergang zum »Riesenstein« mit von dort aus weitem Blick in die Feldmark. Das Ringenwalder Gutshaus existiert nicht mehr.

Gärtnereien

Baumschule Jacob – (mit Schaugarten), Lichtenhain 27 (Ortsteil Klaushagen), 17268 Boitzenburger Land, Tel.: 039889-8258, *www.vampirapfel.de*

Kräutergärtnerei helenion – (mit Schaugarten), Kleine Straße 2a, 17291 Grünow, Tel.: 039857-39859, *www.helenion.de*

Bioland Rosenschule Uckermark – (mit verschiedenen Schaugärten), Lindenstraße 4, 16307 Mescherin (Ortsteil Radekow), Tel.: 0151-57561141, *www.rosenschule-uckermark.de*

Verein zur Erhaltung und Rekultivierung von Nutzpflanzen in Brandenburg (VERN e.V.) – (mit Schau- und Lehrgarten), Burgstraße 20 (OT Greiffenberg), 16278 Angermünde, Tel.: 033334-70232, *www.vern.de*

Literatur / Quellen

Lieselott Enders: Historisches Ortslexikon für Brandenburg, Teil VIII Uckermark, Hermann Böhlaus Nachfolger, Weimar 1986

Hrsg. H.-D. Heimann, K. Neitmann, W. Schich: Brandenburgisches Klosterbuch, be.bra Wissenschaft Verlag, Berlin 2007

Robert Markley: Rosen Enzyklopädie, 3. neu bearbeitete und erweiterte Auflage (Neuausgabe), Verlagsgruppe Weltbild GmbH, München 2007

Hrsg. Bernhard Otto: Dreihundertjähriges deutsches Kloster-Kochbuch, Reprint der Originalausgabe von 1856, Reprint-Verlag-Leipzig o.J.

Hrsg. R. Röber, D. Fritz, W.-D. Naumann: Bertelsmann Gartenlexikon – Garten- und Zimmerpflanzen A–Z, Mosaik Verlag GmbH, München 1998

Rudolf Schmidt: Sagenschatz der uckermärkischen Kreise Prenzlau und Templin, Druck und Verlag von C. Vincent, Prenzlau 1922

Jane Taylor: Die heimlichen Geliebten des Gärtners – über 500 ungewöhnliche Pflanzen für alle, die das Besondere suchen, DuMont Buchverlag, Köln 1998

Jürgen Theil: Prenzlauer Stadtlexikon und Geschichte in Daten, Druckhaus Eberswalde, Eberswalde 2005

Gartenbücher im Steffen Verlag

Beate Schöttke-Penke, Christian Lehsten

Offene Gärten in Mecklenburg

ISBN 978-3-940101-54-9

22,90 Euro · 228 Seiten

Doro Wiederhold

**Offene Gärten
in und um Berlin**

ISBN 978-3-940101-90-7

24,95 Euro · 216 Seiten

Beate Schöttke-Penke, Christian Lehsten

**Offene Gärten
zwischen Müritz und Usedom**

ISBN 3-942477-01-7

24,95 Euro · 224 Seiten

Dagmar Perschke

**Offene Gärten
in Sachsen-Anhalt**

ISBN 978-3-942477-35-2

24,95 Euro · 160 Seiten